电子商务专业校企双元育人教材系列

全国现代学徒制工作专家指导委员会指导

短视频直播运营 实战技能

ELECTRONIC COMMERCE

主　编	宗　良	山东云媒互动网络科技有限公司
	孙新春	山东云媒互动网络科技有限公司
	马修伦	济南大学
副主编	王　朋	济南顶商信息科技有限公司
	陈　磊	济南麦芒网络科技有限公司
	叶小濛	山东省济南商贸学校
编　委	宗　良	山东云媒互动网络科技有限公司
	王　朋	济南顶商信息科技有限公司
	马修伦	济南大学
	叶小濛	山东省济南商贸学校
	孙新春	山东云媒互动网络科技有限公司
	陈　磊	济南麦芒网络科技有限公司
	韩　超	山东云媒互动网络科技有限公司
	潘　辰	济南工程职业技术学院
	郭　曼	平阴县职业中等专业学校
	陈　瑜	山东公路技师学院
	赵　雨	山东商业职业技术学院
	毛玉明	山东交通学院
	盛雅欣	山东圣翰财贸职业学院
	宋兰婷	平阴县职业中等专业学校
	李　鑫	山东抖易网络科技有限公司
	钟义娜	西南科技大学城市学院
	袁祥花	山东女子学院
	刘敬兵	山东省地质勘查工程技术研究中心

复旦大学出版社

内容提要

本书选取短视频运营中的真实案例,以典型工作任务为内容,根据职业能力的要求,理论与实践相结合,是双元育人的职业教育改革成果。全书包含了短视频运营的认识、账号基础操作、拍摄与剪辑、账号运营技巧、高效涨粉方式、带货技巧以及直播带货等知识。结合抖音等短视频平台操作展开,针对理论知识储备较多的部分制作了二维码,扫描二维码可以查看知识点的详细解读。

本书内容由浅入深,符合职业技能习得规律,可作为职业院校和电子商务类相关专业的教材,也可以作为有意从事短视频运营工作人员的指导用书,还可供电子商务相关工作人员参考。

扩展阅读
请扫描二维码

本套系列教材配有相关的课件、视频等,欢迎教师完整填写学校信息来函免费获取:xdxtzfudan@163.com。

序言 FOREWORD

　　党的十九大要求完善职业教育和培训体系,深化产教融合、校企合作。自2019年1月以来,党中央、国务院先后出台了《国家职业教育改革实施方案》(简称"职教20条")、《中国教育现代化2035》《关于加快推进教育现代化实施方案(2018—2022年)》等引领职业教育发展的纲领性文件,为职业教育的发展指明道路和方向,标志着职业教育进入新的发展阶段。职业教育作为一种教育类型,与普通教育具有同等重要地位,基于产教深度融合、校企合作人才培养模式下的教师、教材、教法"三教"改革,是进一步推动职业教育发展,全面提升人才培养质量的基础。

　　随着智能制造技术的快速发展,大数据、云计算、物联网的应用越来越广泛,原来的知识体系需要变革。如何实现职业教育教材内容和形式的创新,以适应职业教育转型升级的需要,是一个值得研究的重要问题。国家职业教育教材"十三五"规划提出遵循"创新、协调、绿色、共享、开放"的发展理念,全面提升教材质量,实现教学资源的供给侧改革。"职教20条"提出校企双元开发国家规划教材,倡导使用新型活页式、工作手册式教材并配套开发信息化资源。

　　为了适应职业教育改革发展的需要,全国现代学徒制工作专家指导委员会积极推动现代学徒制模式下之教材改革。2019年,复旦大学出版社率先出版了"全国现代学徒制医学美容专业'十三五'规划教材系列",并经过几个学期的教学实践,获得教师和学生们的一致好评。在积累了一定的经验后,结合国家对职业教育教材的最新要求,又不断创新完善,继续开发出不同专业(如工业机器人、电子商务等专业)的校企合作双元育人活页式教材,充分利用网络技术手段,将纸质教材与信息化教学资源紧密结合,并配套开发信息化资源、案例和教学项目,建立动态化、立体化的教材和教学资源体系,使专业教材能够跟随信息技术发展和产业升级情况,及时调整更新。

校企合作编写教材,坚持立德树人为根本任务,以校企双元育人,基于工作的学习为基本思路,培养德技双馨、知行合一,具有工匠精神的技术技能人才为目标。将课程思政的教育理念与岗位职业道德规范要求相结合,专业工作岗位(群)的岗位标准与国家职业标准相结合,发挥校企"双元"合作优势,将真实工作任务的关键技能点及工匠精神,以"工程经验""易错点"等形式在教材中再现。

校企合作开发的教材与传统教材相比,具有以下三个特征。

1. 对接标准。基于课程标准合作编写和开发符合生产实际和行业最新趋势的教材,而这些课程标准有机对接了岗位标准。岗位标准是基于专业岗位群的职业能力分析,从专业能力和职业素养两个维度,分析岗位能力应具备的知识、素质、技能、态度及方法,形成的职业能力点,从而构成专业的岗位标准。再将工作领域的岗位标准与教育标准融合,转化为教材编写使用的课程标准,教材内容结构突破了传统教材的篇章结构,突出了学生能力培养。

2. 任务驱动。教材以专业(群)主要岗位的工作过程为主线,以典型工作任务驱动知识和技能的学习,让学生在"做中学",在"会做"的同时,用心领悟"为什么做",应具备"哪些职业素养",教材结构和内容符合技术技能人才培养的基本要求,也体现了基于工作的学习。

3. 多元受众。不断改革创新,促进岗位成才。教材由企业有丰富实践经验的技术专家和职业院校具备双师素质、教学经验丰富的一线专业教师共同编写。教材内容体现理论知识与实际应用相结合,衔接各专业"1+X"证书内容,引入职业资格技能等级考核标准、岗位评价标准及综合职业能力评价标准,形成立体多元的教学评价标准。既能满足学历教育需求,也能满足职业培训需求。教材可供职业院校教师教学、行业企业员工培训、岗位技能认证培训等多元使用。

校企双元育人系列教材的开发对于当前职业教育"三教"改革具有重要意义。它不仅是校企双元育人人才培养模式改革成果的重要形式之一,更是对职业教育现实需求的重要回应。作为校企双元育人探索所形成的这些教材,其开发路径与方法能为相关专业提供借鉴,起到抛砖引玉的作用。

全国现代学徒制工作专家指导委员会主任委员
广东建设职业技术学院校长
博士,教授
2020 年 7 月

前言 PREFACE

随着网络信息技术的不断发展与进步,从最早的图片文字营销,到长视频营销,又逐渐步入了短视频营销时代。趋势造就未来,电子商务以及网络技术的迅猛发展,已逐渐改变了我们的生活方式。与传统营销方式相比,短视频运营利用互联网信息传输速度快、范围广、容量大的特点,不仅降低了营销运营成本,还可以轻松拓展全国的客户市场,不受地域的限制;短视频带货模式的兴起,更直接推动了中国企业转变理念、创新业务模式、保持竞争优势、破解发展困局,并且在一定程度上带动了社会经济的发展,真正实现贸易模式转型升级。

本教材以抖音短视频平台操作为主,帮助学生快速、系统、深入地了解短视频运营岗位的工作流程与标准化要求,能够掌握短视频账号搭建的基础知识;在短视频制作上,可以自行组建运营团队,从前期脚本创作到中期拍摄,再到后期剪辑;在短视频运营上,可以掌握运营技巧,提高迅速提高粉丝数量,并学会如何用短视频及直播带货,提高学生适岗能力。让学生在学校就知道自己将来做什么、怎么做,发展方向是什么,尽可能地了解短视频,明确短视频运营的需求,指导学生的角色转换。

本书在编写中,结合真实案例和多年运营经验,满足学员岗位实践的需要,根据短视频独特的性质,制定项目化教学内容,并关注学员职业能力的发展和教学内容的调整。

编写人员对书的内容进行了反复研讨及修改。由于学识和能力有限,错误与不足之处在所难免,恳请读者不吝赐教和斧正。

编者
2020 年 9 月

目 录 CONTENTS

单元一 了解短视频运营 ... 1-1
    任务 1　短视频运营基础知识 ... 1-1
    任务 2　三类主流短视频平台 ... 1-4

单元二 短视频账号基础操作 ... 2-1
    任务 1　开通账号准备工作 ... 2-1
    任务 2　高效组建视频团队 ... 2-6
    任务 3　账号内容定位 ... 2-9
    任务 4　装修"走红体质"账号 ... 2-13

单元三 短视频拍摄与剪辑 ... 3-1
    任务 1　视频拍摄和剪辑基础知识 ... 3-1
    任务 2　短视频拍摄 ... 3-7
    任务 3　短视频的剪辑与包装 ... 3-16

单元四 短视频账号运营技巧 ... 4-1
    任务 1　提升账号权重 ... 4-1
    任务 2　看数据分析 ... 4-6

单元五 短视频高效涨粉方法 ... 5-1
    任务 1　短视频免费引流方法 ... 5-1
    任务 2　短视频付费引流技巧 ... 5-5

单元六 短视频带货技巧 ... 6-1
    任务 1　短视频电商入驻和选品 ... 6-1
    任务 2　短视频带货 ... 6-9

单元七　短视频直播流程 7-1
　　任务 1　直播前期准备 7-1
　　任务 2　直播内容执行 7-8
　　任务 3　直播电商后期运营 7-12

附录　短视频直播运营实战技能课程标准 1

单元一　了解短视频运营

早在 2011 年快手诞生之后,"短视频"这个词就已经开始在互联网出现了。但受当时科技限制,并未引起大规模的传播。2016 年抖音出现,短视频开始发力,到了 2019 年,各行各业都涌入短视频。但短视频到底是什么？它有什么商业规律？各大短视频平台都有什么特点？

本单元主要介绍短视频运营的基础知识,以及各大短视频平台之间的差异。

任务1　短视频运营基础知识

学习目标

1. 了解短视频运营的概念。
2. 了解运营对于短视频的作用。
3. 知晓短视频运营的 4 个方面。

学习任务

要经营好短视频账号,不能仅仅发布内容,还要了解短视频运营在内容、推广、转化等各个方面的重要性。了解运营在短视频各个环节中的作用,知晓短视频运营的 4 个方面。

任务分析

短视频运营就是通过新兴媒体工具,线上推广宣传与发布产品的运营手段,具体分为两种运营模式,一种是将短视频内容作为一个独立的产品来对待,另一种是与品牌合作的短视频的运营。

短视频运营是新媒体运营中的一种,由 3 个主要部分组成:主要手段、应用场景和运营目的。在精细化运营的账号中,运营的作用是使流量用户变成留存用户,有助于用户和作者之间的沟通;还能指导内容的方向,获得第一手的数据。短视频运营可以细化成 4 个方面,即渠道运营、内容运营、用户运营、社群运营。

任务准备

抖音、快手、微视、火山、全民等短视频App。

任务实施

短视频是近几年很火的行业，简单来说，就是拍摄十几秒到几十秒的视频，发布在抖音、快手等短视频平台上，获得点赞、评论、转发等，继而获得粉丝。这个过程看似简单，但想要持久做好，仅仅靠内容发布是不够的，还需要认真运营。在大多数传统行业里，并没有运营这个岗位。但随着互联网和新媒体的迅速发展，出现了新媒体运营这个岗位。短视频运营是新媒体运营中的一个细分岗位。

一、什么是短视频运营

新媒体运营是指通过现代化移动互联网手段，利用微信、微博、贴吧等新兴媒体平台工具，宣传、推广、营销产品的一系列运营手段；通过策划品牌相关的高度传播性的优质内容和线上活动，向客户广泛或者精准推送消息，提高参与度、知名度，从而充分利用粉丝经济，达到相应营销目的。主要手段是微信、微博和短视频等新兴媒体工具；应用的场景为线上内容和线上活动；运营的目的就是推广和宣发，充分利用粉丝经济，达到营销目的。具体到短视频运营可以分为两种类型。

一种是将短视频内容作为独立的产品来对待。手段就是短视频，应用场景是围绕短视频内容展开的相关活动，运营的目的就是为了让内容触达用户，提高粉丝数，提高用户参与度，从而获得粉丝沉淀，完成品牌价值、粉丝数和市场占有率的三重增长。

另一种则是与品牌合作的短视频的运营。比上一种短视频运营难度有所增加。手段还是短视频。应用场景狭窄一些，要围绕品牌方的需求来制定场景，操作的过程也相对复杂。除了上一种方式所述之外，运营目的增加了品牌方的品牌推广需求等。

总之，运营是基于线上用户使用场景，与内容、用户、机构、产品深度多次交互的复杂而精细化的工作与过程；运营不仅仅是写一下文章、发发帖子、做做视频那么简单，运营是长线的活动，而且带有营销思维，最终目的就是为了实现增长。

二、为什么要做运营

粗放管理和精细化运营的账号，有哪些区别？

1. 运营让流量变成留存用户

高质量短视频内容会带来很多流量，而且还是免费流量。平台需要优质内容来吸引客户，因此会优先推荐好的内容。这些流量可以折算成很高的广告价值。所以，能带来高流量的优质内容，是短视频内容制作团队在创业初期必须重视的。

运营就是把流量转化成真实有效的种子用户，并尽可能变成粉丝，也可以引流到专属网站上。"两微一抖"即微信、微博和抖音，是企业公认的新媒体沉淀用户平台，能给企业和用户创造交流机会。这些工作都需要运营来完成。粗放经营只管发布视频，没有后续运营，则前期的发布没有意义。粗细化运营真正的价值是帮助内容制作团队，实现获客和用户转化留存。流量本身不能变现,只有通过流量,转化成真实有效的用户,才能挖掘长期有效的商业价值。

2. 运营让沟通清晰可见

互联网上的信息不再是传统的单向传输模式。运营可以把用户的反馈变成新的内容,再传递给客户,比如评论区、弹幕区、后台留言等,这里往往包含了新选题、新思路、新的市场需求、新的消费需求等,这些信息对于企业是非常宝贵的。

3. 运营让内容更具个性化

在短视频的内容筹备阶段,运营就要参与进来,而不仅仅是事后客服。运营可以帮助内容找到方向,并能总结客户的反馈交给内容制作团队,持续发酵,产生"长尾效应"。

4. 运营让内容更具即时性

通过团队运营,内容更加丰富,且带有热点性质。碰到热点事件,运营团队能迅速地组织起来,引导内容制作。反应比别人更快、更有内涵,才能吸引用户。

5. 通过运营获得一手数据

内容制作团队在技术和创意方面更有效率,但是数据分析等能力很弱,他们需要多个岗位的配合。运营就是跟编导配合,获取来自渠道、用户、市场、客户等各方面的数据反馈。这些一手数据才是最具市场价值的数据,可以帮助企业明确定位和优缺点,获得真正的市场竞争力。

三、短视频运营包括哪些方面

短视频运营可以细化为4个方面,即渠道运营、内容运营、用户运营、社群运营。

1. 渠道运营

渠道运营指的是国内外主流视频媒体平台的分发内容合作,对外就是一种企业对企业的TO B模式,对内通过渠道的反馈来收集数据,引导内容制作。内容渠道的用户和内容定位都有区别,必须做垂直细分,还应详细研究每个平台对不同领域内容的需求,以及用户的喜好,才能做好运营。

2. 内容运营

内容运营指的是内容策划、制作和审片。考虑到运营的目的,内容的策划、制作要为增长服务,因此内容的制作环节一定要和渠道运营、用户运营贴合,分析和整理数据。一定要站在用户的角度去思考问题,不能陷入专业思维,否则就成了孤芳自赏。

短视频的核心是内容,但是内容不是靠拍脑袋来决定,一定要结合运营的思维和策略,不停地反复推敲,不能用个人喜好代替用户喜好。

3. 用户运营

短视频内容的制作和传播,就是为了引起用户关注,获得粉丝,进而转化和留存。因此,用户运营可以理解为和用户深度沟通,提高用户的活跃度,让他们对产品或者内容持续产生兴趣。短视频内容是用户运营的开端,之后用户运营的手段可以多种多样,充分利用聊天、语音、电话等小程序,多种方式交流,让用户觉得自己在和真实的人对话。

用户运营的基础是评论区、弹幕区的管理,回答用户的直接留言、问题,要为用户提供个性化的服务,不能像机器人一样千篇一律地回答问题。

4. 社群运营

由于新技术层出不穷,以往的病毒视频、软文投放等获客方式已经极为困难;广告系统的投放可以极其精准,但是依然很难完成转化,因为用户的心理需求也越来越复杂。社群运营就是将真正有需求的人集中在一起,进行一对一的精细化运营。比如知识付费的社群,就是将一群有共同学习目标的人集合在一起,变成了同学,通过线上视频、语音等课程,或者线下交流,形成读书会一类的实体组织。整个过程就是通过不同的社群运营策略来实现的。

合格的短视频运营人员,至少要具备以下 4 个能力:

(1) 商务沟通与谈判能力。
(2) 内容策划和生产能力。
(3) 大数据收集和分析能力。
(4) 战略头脑和全局观。

任务评价

根据所学知识回答下列问题(共 10 分):
1. 短视频运营的概念由哪 3 个部分组成?(4 分)
2. 短视频运营分为哪 4 个方面?(6 分)

能力拓展

在一个成熟的制作团队中,由你来运营一个女装类账号。你需要做哪些准备?写一个大体运营思路。

任务 2　三类主流短视频平台

学习目标

1. 了解短视频平台的 3 种分类。
2. 了解 7 个主流短视频平台的背景和主要功能。
3. 知晓 7 个主流短视频平台的盈利模式。

学习任务

短视频发布和运营前,选择合适的平台很重要。目前市场上有三大类主流平台,分别是社交类、资讯类和电商类。要了解这几类短视频平台之间的区别和优缺点,做到知己知彼,对比各个平台的背景、功能、盈利模式、操作体验 4 个方面,了解每个平台的大体概况。

单元一 了解短视频运营

任务分析

社交类短视频平台占据大半的市场份额,但资讯类、电商类平台具有不可替代性。每个平台的盈利模式也各不相同,本节课分析 7 个主流短视频平台的优缺点和基础知识,注意了解清楚各个平台的特点,学会选择合适自己的平台。

任务准备

抖音、快手、微视、火山、全民等短视频 App。

任务实施

2018 年,短视频行业正式进入白热化的竞争状态,而且有往其他行业拓展的趋势,波及直播、音乐、社交和电商等,成为了一种产业化的模式。除去一些冷门的短视频类型之外,市面上主流的短视频大体可以分为以下 3 种形态:以抖音、快手、微视、火山、全民小视频等为主的社交类短视频,以西瓜视频、秒拍、梨视频等为首的资讯类短视频,以淘宝主图视频、京东主图视频等为主的电商类短视频。这 3 类构成了短视频的主要形态,各类之间也不是完全独立,它们互相渗透,形成了错综复杂的链条。

一、背景介绍

抖音是目前最火的短视频平台,截至 2020 年 6 月,抖音日活量已经突破了 4 亿,成为首屈一指的短视频 App 平台。抖音于 2016 年 9 月上线,一开始以年轻人音乐类为主,用户可以拍摄短视频并加上喜好的音乐,做成类似短 MV 式的作品;2017 年 11 月 10 日,今日头条收购 Musical.ly,与抖音合并,日活量和市场占有率逐渐上升,变成现在的第一大短视频平台。

快手的前身 GIF 快手于 2011 年诞生,在短视频界中,快手是第一个成立的,最初是制作和分享 GIF 动图的手机应用平台。在 2012 年 11 月,快手就从工具应用转型成为了短视频平台,记录用户生活小片段。随着智能手机的普及和流量费用的降低,快手于 2015 年开始迅猛发展,长期占据短视频第一位置。后来被抖音超越,目前是第二大短视频平台。

微视是腾讯旗下短视频制作与分享平台,于 2013 年上线。但是在运营不久后,就暂停了。短视频市场爆发后,腾讯又重启了微视。2018 年 4 月 2 日,微视重大更新,推出了大首创功能视频跟拍、歌词字幕、一键美型,并打通了 QQ 音乐的正版曲库,进行了全面升级。微视还首创了歌词字幕的玩法,用户在选择背景音乐之后,录制视频时可显示歌词字幕,轻松跟唱。微视自研发了瘦腿功能,从拍摄功能性来说,微视是目前短视频平台中涵盖面最全的。

美拍在 2014 年上线,是美图秀秀旗下公司产品。美拍在诞生之初就有很强的技术支持,母公司在美颜修图方面非常强大。美拍一键美颜功能非常好,凭借傻瓜式的视频拍摄和剪辑功能,聚拢了很大的用户群。不过随着抖音快手的崛起,美拍的市场份额下降很多。

火山小视频是今日头条旗下产品,现在改名为抖音火山版,可以和抖音一键打通,两平台共享粉丝和视频。火山是为了对标快手,风格跟快手很像,目标人群也是快手的主要人群。

西瓜视频也是今日头条旗下产品。不同于抖音和火山,西瓜视频强调个性化视频,并且视频也比较长,从几十秒到十几分钟的都有,注重知识分享。

秒拍由炫一下(北京)科技有限公司推出,属于微博派系的短视频平台,凭借微博的强大流量,秒拍也聚集了很多用户。

二、产品概述

(一) 产品对比

各平台对比见表1-2-1。

表1-2-1 7个主流短视频平台的对比

名称	抖音	快手	微视	美拍	火山小视频	西瓜视频	秒拍
产品定位	媒体传播平台,强调运营,重视爆款内容	首先是内容记录工具,其次才是传播工具	基于影像的动态社交语言	高颜值手机直播+超火爆原创视频	UGC的平民化视频创作平台	消遣时光的三四线城市市民及农村百姓	短视频社交平台
宣传语	记录美好生活	记录世界,记录你	发现更有趣	在美拍,每天都有新收获	为您记录不容错过的精彩瞬间	给你新鲜好看	10秒拍大片
目标用户	制作爆款内容来获得关注,并成为意见/领袖(KOL)	二三线城市为主的年轻人,热爱分享,普通人	满足用户社交倾诉	希望视频短小精悍、精致的用户	三四线城市用户为主	三四线城市用户为主	年轻人,热爱生活,普通大众

1. 产品定位不同

快手的定位是记录工具。在刚成立的时候,快手就是一款个人制作动图工具,并不具备社交媒体属性。而且快手宣传语是"记录世界,记录你",记录就是其核心定位。直到今天,快手依然还是一个记录平台,运营占比不很大,以用户自发记录为主。

抖音的定位是传播平台,宣传语是"记录美好生活"。最初宣传语是"让崇拜从这里开始",体现了抖音最初的核心定位,是一款强运营产品,注重传播。诞生之初,平台就邀请了很多网红入驻,还请明星推广和宣传,后期直接重金邀请明星入驻,花费大量广告投入,迅速提高抖音的知名度。微视和全民也采用了这种"烧钱"模式。

2. 发布者的深层需求不同

抖音的大多数发布者想创作火爆内容来变现,变身网红;而观众在抖音想看到好内容,评论和分享,而不是为了自己发布。

快手记录性更强一些,所以快手的视频看起来比抖音的更朴实。快手推荐的也都是普通人的生活,基本不加滤镜和美化,也没有太强烈的表演痕迹。快手的发布者多数也想成为网红,也是为了记录生活。

3. 观众与作者的心理距离

心理距离指的是代入感和接地气。快手是距离观众最近的平台,因为发布者和观众几乎处于同一个层面上,看到的都是日常生活。很多用户倾向于将快手作为缩小版的本地新闻。微视的心理距离要远一些,不过微视可以看到QQ好友和微信好友,所以社交属性更强一点。抖音是心理距离最远的平台,观众看优质内容,比如明星、网红、奇人等,即便观众和发布者会有互动,也只是建立在一个粉丝的基础之上,并不是处于平等的地位。

4. 目标客户群和需求定位不同

抖音并不能实现全面统治,还有很多人就是不喜欢看抖音,因为用户背后的真实需求是不一样的。没有哪一家平台可以完全满足。抖音可以满足人们观看优质内容和打发碎片时间的需求,但由于其心理距离和基本定位,很多快手用户就不喜欢看抖音,他们更需要接地气的视频来满足社交需求。同样,很多习惯抖音的用户,也接受不了快手那种朴实的风格。

(二) 用户需求

1. 渴望自我表达

由于自我表达的需求日益提高。之前,自我表达的方式是文字,后来演变为图片表达,目前为短视频。短视频操作简单,动态表现方式比静态图片更加直观,更具冲击力。

2. 成本低、效果好

之前,录制视频需要专业摄像机和专业知识,门槛很高。有了智能手机后,录制短视频非常简单,并且传播也便捷,直接上传发布即可分享,且免费。

3. 利用碎片化时间

空闲时间越来越少,已经很少有时间坐下来看长视频。神经紧绷也需要得到有效的缓解。短视频利用人们的碎片化时间,让人得到放松,并且适用于很多场景,用餐、等车、电梯里,等等。对于娱乐来说,短视频对碎片化时间的利用率是最高的。

(三) 商业模式对比

1. 抖音

抖音的商业模式比较繁多,主要有启动页广告、信息流广告、平台分成(直播打赏、加入粉丝团)、电商、多渠道网络(MCN)、站内定制挑战、允许用户在个人主页上链接第三方平台的商品,比如可以为淘宝店商品引流。

MCN是一种多渠道网络服务机构,经过认证的MCN机构,可以签约抖音内的网红,类似于艺人经纪公司。抖音一开始不允许MCN直接与网红签约。后来随着平台流量的增大,MCN出现只要经过认证就可以签约抖音网红。抖音认证MCN主要看其内容生产能力和运营能力,包括旗下账号数、历史浏览量、点赞量等,以及单月粉丝、浏览量和点赞量的增长情况等。

2. 快手

与抖音不同,快手商业盈利主要以直播分成为主,还有粉丝头条、周边实物、信息流广告等。

快手与主播直接税后平分收入。粉丝头条是官方推出的付费推广服务,购买后,作品在 24 小时内在粉丝关注页置顶一次,或者曝光给发现页和同城页的其他用户,让更多的人观看作品。

3. 微视

微视的主要商业模式是信息流广告,目前主要以游戏 App 广告为主。

4. 美拍

美拍的人群比较固定,在女性垂直领域优势很大。尤其是美妆博主,可以实现粉丝经济收益,并且有直播分成。也包括 MCN 认证和启动页广告等,收益模式与抖音很像。

5. 火山小视频

火山的盈利模式比较单一,靠内容广告,而视频主除了能收到火山给予的火力值奖励之外,还能根据定位跟广告商合作,为广告引流,实现双赢。

6. 西瓜视频和秒拍

西瓜视频和秒拍的盈利模式都是以广告为主,以直播和电商为辅。除了传统的贴片硬广告外,秒拍还为广告商提供软植入广告及广告定制服务,甚至还会联合某垂直领域的制作团队,代表他们与品牌方协商要价。

其营利模式如下。

(1)智能推荐　个性化兴趣推荐,帮助内容找到更合适的观众。

(2)引爆流量　上亿级流量分发,优质内容瞬间引爆。

(3)多重收益　现金分成原创保底,10 亿资金共建内容生态。

(4)数据服务　多维度数据工具辅助创作,及时复盘优化运营效果。

(四)功能对比

(1)基础功能对比　从表 1-2-2 的基础功能对比来看,除了西瓜视频不支持编辑、微视不支持直播之外,其他产品的功能基本一样。

表 1-2-2　基础功能对比

基础功能	抖音	快手	微视	美拍	火山	西瓜	秒拍
观看视频	✓	✓	✓	✓	✓	✓	✓
拍摄视频	✓	✓	✓	✓	✓	✓	✓
编辑视频	✓	✓	✓	✓	✓	/	✓
分享视频	✓	✓	✓	✓	✓	✓	✓
直播	✓	✓	/	✓	✓	✓	✓

(2)拍摄功能对比　从表 1-2-3 来看,微视功能最多。每家都有自己的特色类功能,比如微视有拍摄模板,美拍有画幅功能。不过,各家都能满足基础的拍摄功能,对于用户来说差别不是很大。

表 1-2-3 拍摄功能对比

拍摄功能	抖音	快手	微视	美拍	火山	西瓜	秒拍
拍照	✔	✔	/	✔	/	/	✔
拍摄－单击	✔	✔	✔	✔	✔	✔	✔
拍摄－长按	✔	✔	✔	✔	✔	✔	✔
上传图片/视频	✔	✔	✔	✔	✔	✔	✔
合拍/同框	/	/	✔	/	/	/	/
翻转	✔	✔	✔	✔	✔	✔	✔
快慢速	✔	/	✔	/	/	/	/
倒计时	✔	/	✔	✔	✔	/	/
闪光灯	/	✔	✔	✔	✔	/	✔
变速	/	✔	✔	✔	/	/	/
定点停	/	✔	✔	✔	/	/	/
防抖	/	/	/	✔	/	/	/
画幅	/	/	/	✔	/	/	/
滤镜	✔	✔	✔	✔	✔	/	✔
大眼瘦脸	✔	✔	✔	✔	✔	/	/
美颜	✔	✔	✔	✔	✔	✔	/
美肤	/	✔	✔	✔	/	/	/
美妆	/	/	✔	✔	/	/	/
美型	/	/	✔	✔	/	/	/
道具贴纸	✔	✔	✔	✔	✔	/	✔
音乐	✔	✔	✔	✔	✔	✔	✔
拍摄模版	/	/	✔	/	/	/	/

（3）上传资源对比　从上传功能来看，大多数平台功能差别不大，都能导入图片和视频，微视依然很突出，能图片和视频混合导入，见表1-2-4。

表 1-2-4 上传资源对比

拍摄功能	抖音	快手	微视	美拍	火山	西瓜	秒拍
导入图片	✔	✔	✔	✔	✔	/	✔
导入视频	✔	✔	✔	✔	✔	✔	✔
导入多个图片	✔	✔	✔	✔	✔	/	✔
导入多个视频	✔	/	✔	✔	/	/	/
导入图片和视频	/	/	✔	/	/	/	/

（4）视频编辑功能对比　从视频的编辑功能来看，美拍的功能最为丰富，其次是微视和快手，西瓜视频的编辑功能最少，见表1-2-5。不过西瓜视频主要是用户制作好了之后上传，因此在线编辑功能不需要太强大。

表 1-2-5 视频编辑功能对比

视频编辑	抖音	快手	微视	美拍	火山	西瓜	秒拍
录制视频裁剪	/	✔	✔	✔	/	/	/
变声	/	/	✔	/	/	/	/
特效	✔	✔	✔	✔	✔	/	/
选音乐	✔	✔	✔	✔	✔	/	✔
剪辑音乐	✔	/	/	/	/	/	/
音量-原声	/	/	✔	✔	/	/	/
音量-配乐	/	/	✔	✔	/	/	/
选封面	/	/	✔	✔	/	✔	✔
上传封面	/	/	/	✔	/	/	/
封面编辑	/	/	/	✔	/	/	/
片尾封面模版选择	/	/	/	✔	/	/	/
涂鸦	/	/	✔	/	/	/	/
贴纸	✔	✔	✔	✔	✔	/	✔
文字/字幕	/	/	✔	✔	/	/	/
加速	/	/	/	✔	/	/	/
播放速度调整	✔	✔	✔	✔	/	/	/
保存草稿	✔	/	✔	✔	✔	/	/
保存本地	✔	✔	✔	✔	✔	/	/

（5）贴纸对比　贴纸是短视频独有的功能。以往的视频都需要专业剪辑软件添加贴纸，而短视频将这个功能直接融进了上传步骤里。抖音、快手、微视的贴纸类型很丰富，火山和秒拍的贴纸类型比较少，而西瓜视频没有这个功能，见表 1-2-6。

表 1-2-6 贴纸功能对比

贴纸功能	抖音	快手	微视	美拍	火山	西瓜	秒拍
贴纸/道具	✔	✔	✔	✔	✔	/	✔
是否有分类	✔	✔	✔	✔	✔	/	✔
我的/用过/收藏	✔	✔	✔	✔	/	/	✔
最新	✔	✔	✔	✔	✔	/	/
最热/热门推荐	✔	✔	✔	✔	/	/	/
装饰	✔	✔	✔	✔	/	/	✔
新奇	✔	✔	/	/	/	/	/
恶搞/	/	✔	✔	/	✔	/	/
潮酷	✔	/	✔	/	/	/	/
场景/背景	/	/	✔	/	/	/	/
音控	/	✔	/	/	✔	/	/
手控	✔	/	/	/	✔	/	/
特效	/	✔	/	/	/	/	/
主题表演	/	/	✔	/	/	/	/
趣味	/	/	/	/	✔	/	/
氛围	/	/	/	/	✔	/	/
神奇画笔	/	/	/	/	✔	/	/
蒙面	✔	/	/	/	/	/	/
节日	/	/	✔	/	/	/	/
边框	/	/	/	/	✔	/	/
创意	/	/	/	/	✔	/	/
身体AR	/	/	✔	/	/	/	/
全身	/	/	/	/	✔	/	/
许愿	/	/	/	/	/	/	✔
十二星座	/	/	/	/	/	/	✔
原创	✔	/	/	/	/	/	/

并且在各种节日和特殊活动期间,短视频平台会增加相应的贴纸类型,满足用户的更新需求。

(6) 曲库对比　音乐是短视频的重要部分。表1-2-7中,抖音、火山、微视的分类非常丰富,因为抖音的名字就跟音乐有关。美拍和快手的音乐分类相对较少。而西瓜视频没有音乐库,秒拍的音乐也很少,这两个是资讯类短视频平台,对音乐要求不是很高。丰富的音乐分类,可以让用户快速通过分类找到想拍的音乐视频;在拍摄构思比较迷糊的时候,能帮助用户快速找到心仪的背景音乐,获得拍摄的满足感。

表1-2-7　曲库对比

音乐分类	抖音	快手	微视	美拍	火山	西瓜	秒拍
有无分类	✔	✔	✔	✔	✔	/	/
热歌榜	✔	/	✔	✔	✔		
新歌	/	/	✔	/	✔		
飙升榜	✔	/	/	/	✔		
流行	✔	✔	✔	✔	✔		
电音	✔	✔	/	/	✔		
原创音乐	✔	/	/	/	/		
欧美	✔	/	✔	/	✔		
国风	✔	/	✔	/	✔		
激萌	✔	/	/	✔	/		
说唱	✔	/	✔	/	✔		
影视原声	✔	/	✔	/	✔		
日韩	✔	/	✔	/	/		
生活	✔	/	✔	/	✔		
搞怪	✔	/	✔	/	✔		
配乐	✔	✔	✔	/	✔		
民谣	✔	/	/	/	✔		
经典	✔	/	✔	/	✔		
运动	✔	/	/	/	/		
舞蹈	✔	/	✔	/	✔		
少女心	/	/	✔	✔	/		
旅行	/	/	✔	✔	✔		
戏精	/	✔	/	✔	✔		
节奏控	/	/	/	✔	✔		
伤感	/	✔	/	/	/		
合拍	/	/	✔	/	/		
二次元	✔	/	✔	/	✔		

任务评价

根据所学知识回答下列问题(共10分):

1. 短视频平台有哪三大类?(4分)
2. 从拍摄功能来说,哪个平台的内容最丰富?(3分)
3. 哪种盈利模式是所有平台都有的?(3分)

能力拓展

风景类的精美短视频发布在哪个平台最合适?说出你的理由。

单元二　短视频账号基础操作

2011年，快手诞生，标志着短视频平台的开始；2016年9月，抖音出现，短视频迎来了爆发阶段。人的本能就是喜欢直观的感官刺激，而阅读文字多了处理和转化的过程。能直接刺激感官、不需要大脑转化与处理的视频也远比文字的刺激更加直观，也就更容易被接受。相比于长视频的制作难度以及观看时长，短视频天生就适合这个快节奏的时代，在全民自媒体时代，制作成本高昂、花费时间巨大的长视频已经被时代淘汰，而较短的时长让短视频更容易制作，也更适合自媒体行业。无论是从生产成本还是生产难度来说，短视频都是这个时代的宠儿。

本单元学习抖音的基础操作和快速搭建运营团队的方法，以及短视频创作者需要注意的有关事项。

▶任务1　开通账号准备工作

学习目标

1. 了解短视频平台账号的注册步骤。
2. 学会定位账号内容。
3. 学会装修账号。

学习任务

通过抖音基础操作，掌握开通具备商业价值的短视频账号注册及发布步骤；了解内容定位的基本知识，能自行给账号做定位，并可以根据定位去装修账号，让其具备走红体质。

任务分析

首先下载和安装抖音App，完成从注册到视频发布的整个流程。熟悉抖音的操作界面，完善账号资料，包括起名字、做头像和背景图、写简介等一系列过程。应该从哪些方向去完善资料呢？首先应做好定位，确定要做哪些方面的内容，按照相应的方向装修账号。

任务准备

抖音、快手、微视、火山、全民等短视频App。

任务实施

1. 账号注册

本任务以抖音为例,解析短视频平台的注册流程。

步骤1:下载抖音App。从手机的应用商店里搜索抖音,出现抖音App的图标,点击下载即可,如图2-1-1所示。

步骤2:打开App,如图2-1-2,即可进入抖音账号登录、注册界面。

图2-1-1 抖音下载界面　　　　图2-1-2 抖音安装完成

抖音账号有两种登录、注册形式,可以选择输入手机号,获取验证码登录,如图2-1-3所示。也可以选择其他方式登录,如直接使用今日头条、QQ、微信或者微博账号登录,登录后再绑定手机号码,如图2-1-4所示。

图 2-1-3　登录、注册页面 1　　　图 2-1-4　注册、登录页面 2

步骤 3：手机号登录。输入正确的手机号以及验证码，进入完善资料界面。抖音会提示添加通讯录好友，可以点开通讯录，看看哪些好友在使用抖音，可以关注他们。也可以在右上角点击，直接跳过这一步，如图 2-1-5 所示。

步骤 4：完善资料。该界面包含头像、昵称、生日、性别等基本信息，将信息填写完整，就可以进入抖音账号界面，如图 2-1-6 所示。

图 2-1-5　添加通讯录好友　　　图 2-1-6　填写资料

短视频直播运营实战技能

　　抖音主界面分为几个板块，顶部有两个板块，分别是关注和推荐，如图2-1-7所示。关注的账号会在"关注"中，而"推荐"则是抖音官方根据观众喜好推荐的视频。屏幕下方有5个子板块，默认的是抖音官方首页；第二个是所在的地区，可以看到所在地区的视频；消息界面可以看到很多数据，比如增加几个粉丝、增加几个赞等；而"我"为个人主页，包含发布的作品、动态和点过赞的作品等，如图2-1-8所示。

图2-1-7　抖音主界面

图2-1-8　抖音消息界面

　　步骤5：进入拍摄界面。单击界面下方中间位置的"＋"，进入拍摄界面，如图2-1-9所示。
　　步骤6：拍摄视频。根据需要选择拍照、拍60秒、拍15秒等方式拍摄，如图2-1-10所示。顶部的工具按钮，可以选择音乐、翻转画面、提高拍摄速度、增加滤镜、美颜和倒计时等。点击下面的红色按钮即可录像，长按也可以录像。

图2-1-9　抖音个人主页

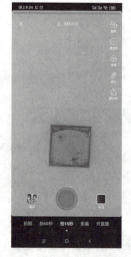

图2-1-10　抖音拍摄

在左边的"道具"中,可以选择抖音自带的特效,比如添加眼镜、假发等,如图 2-1-11 所示。在右边的"相册"中,可以选择已有的视频或者图片,如图 2-1-12 所示。

图 2-1-11 "道具"界面

图 2-1-12 "相册"界面

拍摄界面下方第四个选项是"影集",是抖音自带的电子影集,可以选择模板制作,如图 2-1-13 所示。最后一个版块是"开直播"。

2. 上传及发布

本任务以上传的方式为例,详细讲解。

(1) 单击"相册"按钮,在手机中选择已经拍摄的视频后,抖音会自动截取长度,最多截取 60 秒。新账号不允许发布 60 秒以上的视频。单击【下一步】按钮,合成视频,如图 2-1-14 所示。

图 2-1-13 "影集"页面

图 2-1-14 合成视频界面

（2）进入视频编辑界面，如图2-1-15所示。设置原始声音大小，配置合适音乐，选择视频封面，设置滤镜、贴纸、特效等。设置完成后，单击【下一步】按钮，进入视频的发布界面。

（3）设置标题、话题等；然后，点击"选封面"，选择一张截图作为封面；在下面3个选项中，选择发布地点、是否参加活动，以及设置私密或公开。单击【发布】按钮，如图2-1-16所示。发布成功后，可以在自己的账号界面查看发布的成品。

图2-1-15 视频编辑界面

图2-1-16 "发布"页面

任务评价

根据所学知识回答下列问题（共10分）：

1. 开通抖音账号是否需要实名认证？（5分）
2. 实名认证的目的是什么？（5分）

能力拓展

根据抖音的注册流程，尝试注册一个快手账号。

任务2　高效组建视频团队

学习目标

了解短视频制作团队的组建方法。

单元二　短视频账号基础操作

🚩 **学习任务**

结合单元一的短视频行业分析,选择适合自己的短视频平台;收集并展示短视频平台行业数据,采用小组讨论分享各自学到的运营技巧。

🚩 **任务分析**

短视频团队创立初期,各部分人员一般不能一下配齐,需要针对性地配置岗位。结合你的账户定位,请配置你前期所需的团队人员,并明确分工。

🚩 **任务准备**

浏览以下招聘网站,观察短视频运营相关岗位职责:
1. BOSS直聘:https://www.zhipin.com。
2. eBay平台:https://www.zhaopin.com/。

🚩 **任务实施**

短视频团队基本配置

短视频媒体与之前以文字和图片为主的传统媒体有非常大的不同。不像文字写作那样,可以由单一职能的人员完成制作,而制作短视频整个过程需要多人协同。无论是企业还是自媒体,都需要具备多种能力,因此需要组建短视频团队。个人主播做短视频,需要集多种技能于一身,自己相当于一个团队。

好的短视频作品离不开团队每个成员的努力。通常情况下,完整的短视频团队需要设置编导、摄像师、剪辑师以及运营人员4个职位,具体人数取决于内容方向以及更新频率。快速组建一支高效的短视频团队,要在最短时间内找到最合适的人。团队中的每个职位的具体要求见表2-2-1。

表2-2-1　短视频团队技能要求

职位	策划	镜头脚本	拍摄	剪辑软件	包装软件	抖音平台功能	抖音平台规则
编导	精通	精通	了解	了解	会基础	了解	了解
摄像师	了解	精通	精通	了解	会基础	了解	了解
剪辑师	了解	了解	不一定	精通	精通	了解	了解
运营人员	了解	不一定	不一定	会基础	不一定	了解	了解

1. 编导

编导是团队中非常重要的角色,负责把控视频的整体风格以及内容,还要负责每个视频的脚本以及策划工作;协调各方面人员,保证视频拍摄工作的顺利进行。短视频的编导通常需要具备以下能力。

（1）表达能力　编导的工作烦琐又具体，涉及拍摄工作的方方面面，要善于整体协调、统筹规划，因此强大的表达能力是编导的基本功之一。

（2）抗压能力　短视频的创作要面对时间、预算等各个方面的压力，还要能够承受来自观众的负面评价。因此，优秀的编导必须有足够强大的心理素质，能够抵抗来自各个方面的压力。

（3）应急处置能力　由于条件限制，拍摄中常常不可避免地会遇到一些突发事件，这就要求编导具有独立的判断能力，可以抵抗一切外界干扰，保障正常拍摄。

（4）审美能力　广泛流传的短视频一定具有美感。因此，编导也必须有一定的审美能力。

2. 摄像师

摄像师主要负责拍摄工作。很多时候，还要负责打灯照明，选取拍摄场地。通常情况下，优秀的摄像师应该具备以下能力。

（1）协调能力　为确保画面的完美，摄像师需要时刻保持与出镜人员、打光师等各个部门人员的密切沟通。因此，优秀的协调、沟通能力必不可少。

（2）观察能力　摄像师常常要捕捉演员或者拍摄主体的某个瞬间，以增强作品的表现力，这就要求其必须具有足够细致的观察能力。

（3）应变能力　摄像师要能够处理各种突发情况。对不同的演员、不同的表演状态，都能够找到最佳的拍摄角度、光线效果，完美诠释演员的表情和个性。

3. 剪辑师

剪辑师负责成片的后期制作，有针对性地取舍素材，其添加合适的配乐、配音和特效。除了必要的审美能力外，还需要具备以下素质。

（1）耐心　虽然最终呈现给观众的只有短短的十几秒，但是剪辑工作却往往需要经历几十甚至几百分钟才能完成。为了保证思路不受影响，剪辑工作往往要求一气呵成，这就要求剪辑师一定要有足够的耐心。

（2）文学修养　剪辑就是用一些零散的素材完成作品的重组过程。剪辑师要寻找并设计视频的亮点，选择合适的地方添加音乐、特效，并把控整个作品的节奏，将简单的记录视频变成具有强大感染力的影像故事。因此，剪辑师一定要具有必要的文学修养。

4. 运营人员

运营人员主要负责短视频的宣传工作，确保视频呈现在更多用户眼前，还要管理用户的反馈。运营人员必须具备以下能力。

（1）分析能力　要想获得高曝光度，运营人员一定要能够从其他优秀的作品中学习经验，从数据、用户反馈等多个方面分析传播量较广的短视频，摸索规律，应用于自己的作品。

（2）自主学习能力　短视频运营漫长持久，需要运营人员不断摸索、创新，找到并形成最适合自己的运营方式。还要有毅力和自我调节能力，应对工作中的各种挑战。

了解了各个职位的职责和应该具备的职业能力后，就可以根据需要在一些特定平台发布招聘要求。招聘文案中的"职责要求"可以参照各个岗位职责以及能力要求编写。然后，仔细筛选简历，优先选择有相应职能背景或者工作经验的人，通过面试考核筛选出真正需要的人。

任务评价

根据所学知识回答下列问题(共10分)：
1. 短视频运营团队是如何分工协作的？(4分)
2. 以你现在的情况，如果动用所有资源，能搭建什么配置的团队？不足之处如何弥补？(6分)

能力拓展

思考团队运营初期所面临的问题以及如何避免这些问题；在后期的商业化运作中，如何找到合适的变现路径？

任务3　账号内容定位

学习目标

1. 掌握内容定位的步骤和方法。
2. 掌握竞品分析的方法，能够作竞品分析。

学习任务

本任务结合抖音的运营规律，让学生分析自己的长处，了解用户的需求，找到合适的内容定位。能够为短视频用户画像，确定制作方向。

任务分析

二元法则指的是用户心中只容得下前几名的产品。短视频从业者激烈竞争的本质，在于抢占消费者注意力，制胜的关键就在于精准的定位和好的策划。本任务就是从短视频用户画像入手，逐步解析定位内容，策划出可持续的短视频内容。学会换位思考，"让用户回到以用户为中心的设计中去"，有助于了解用户偏好和用户需求，实现精准定位。

任务准备

数据分析平台：飞瓜数据 https://www.feigua.cn。

任务实施

一、发现自己的优势

账号搭建完成之后,即可制作和发布内容,但在发布之前,需要确定账号的内容定位。短视频账号讲究垂直度,即发布的内容要有一定的关联性,属于同一个领域,不能今天发娱乐,明天发钓鱼教学,后天发街舞。首先要问清自己一个关键的问题:我有什么优势?

从社交属性,可以把短视频平台比作"超级社交圈子",每一个作品都是在向圈子中的一部分人作自我介绍。自我介绍越有趣,提供的内容越有价值,就越容易被大家记住,被用户相传,才能有机会进入更大的圈子。可以从 4 个维度发掘自己的优势。

1. 天赋

天赋是指当前自身天然具备的优势,如容貌、声音、性格等。比如,某作者,唱歌很好,又有过人的容貌,让人一眼就能记住。当然,并不是说长相普通、身材一般就一定是劣势。优势是相对的。例如,某女作者身材微胖,她教女孩们用衣服"视觉减肥",微胖正是她的优势。

2. 兴趣

兴趣是指一个人经常趋向于认识、掌握某种事物,力求参与某项活动,并且有积极情绪色彩的心理倾向。简单来说,就是喜欢什么,并且在做这件事的时候很愉悦,比如画画、旅行、美食、健身、跳舞、拍照等。

将短视频创作与兴趣相结合的好处,一方面,在创作中收获快乐;另一方面,哪怕短时间数据不好、账号没做起来,不会就此放弃兴趣,仍然能够在一定程度上不断输出。

3. 能力

能力就是能够给某事物创造的利益(广义上是指一切好的事物),包括生活能力、职业能力,如生活技能、带娃技能、PPT 技能、英语教学、职场技能等。

4. 资源

资源是指一切能够触达到的人脉、产品、技术、服务等,能够为粉丝提供价值、实现自我盈利的事物。比如化妆品、服装、手机、留学服务、旅游服务、培训服务,以及能接触到的明星、大咖等,都能引起用户关注。

二、被用户关注

在短视频平台上,用户和播主都是陌生人,为什么会关注某个播主?

2017~2020 年,伴随着短视频平台一路成长,用户早已从最初的狂热到如今的日趋理性。对于创作者来说,"关注"这个用户行为变得越来越难。因为用户看到过很多好内容,品味在不断提升,在"关注"这个行为上变得越来越挑剔。

创作者想要让用户长期保持关注,取决于能否持续满足粉丝某种需求。而这种需求,80%以上是由下述 4 种动机触发。

1. 满足快乐

用户对于快乐的追求往往是无意识的,不受个人主观行为支配,是自动完成的。主导人们情绪欲望的初级大脑掌握着人的直觉,而追求快乐、躲避痛苦是初级大脑的本能反应。

因此,如果大脑判断某个账号能够持续满足追求快乐的需求,就会不自觉地点赞和关注。定位越垂直、人设越清晰,就越能持续吸引那些垂直精准的人群。

2. 学习模仿

人类天生向往变得更加美好、优秀、成功,这种本能促使他们通过参照模仿他人的行为来规范自身,特别是渴望成为群体行为。

因此,如果能塑造人们渴望成为的群体形象,就极有可能吸引人们关注。比如,普通人希望自己变美、穷人希望自己变富等。

内容要有一定的难度,让观众感觉新奇,有模仿的冲动。但难度不能太大,超过大多数人的能力,观众无法模仿,也就少了很多分享的机会。总之,让目标用户"渴望成为但却成为不了的那类人"。比如,旅游类视频,就是因为人们向往那种生活状态,于是很多播主就变成旅游达人,以吸引大量的关注。

3. 提供谈资

社交的第一步是聊天,聊天就要有内容,也就是谈资。对于大多数人来说,寻找谈资是不容易的事情。因此创造的信息能够为用户提供谈资,就相当于给了他们"社交币"。

这种谈资往往是有违常理的戏剧性冲突。有些视频提供新鲜、好玩、有趣、涨知识的内容来满足用户的好奇心。比如,挑稀奇古怪的科技趣事,来挑战大众的认知,而这种与已有认知的强烈反差,特别容易引起关注。这些内容满足了用户对周围生活环境变化的猎奇心理,还能提供日常的谈资。如果能持续提供这类信息来满足用户的好奇心,就能吸引到粉丝。

4. 解决问题

在生活中,由于认知能力不足,总会遇到各式各样的问题,阻碍完成某项目标。比如看电影,电影好不好看,只能看了才知道。于是,出现了一些电影自媒体,就可解决这个问题,免费筛选影片。

如果账号内容能解决用户生活中的某一个问题,就能吸引这些人的关注。比如PPT、Excel技巧、视频剪辑、生活窍门、美食教学等类型的账号,可以帮助了解使用PPT、Excel、视频拍摄工具,教做美食,提高生活便利性,就会吸引大批粉丝。这类账号最大的特点就是具有工具属性,当产生需求、遇见问题的时候,自然会想起这个账号。

相比其他仅仅提供感官刺激的账号,具有工具属性的账号生命周期长久。不需要满足粉丝的情绪,而是教给用户知识,帮助用户更好地完成某项任务。

三、用户持续关注

从古至今,变化是最大的不变。

新媒体时代,每天都有新闻,每个月都有大新闻,用户容易被新事物、新见闻所吸引。短视频运营不能一成不变,应在不脱离某领域的基础上,大胆"微"创新,才能获得持续关注。

四、内容定位上应避开的误区

1. 内容方向选择的误区：追随当前比较火热的视频类型

内容方向的选择是做好短视频非常重要的一步。许多作者习惯于追随市场热点，选择当下较受欢迎的类型模仿。比如当搞笑视频较受欢迎时，就开始大量制作该类型的视频。这种做法是错误的。短视频最重要的就是创意，有好的创意才能吸引观众，并让观众主动传播、分享。在内容选择上，一定要在作品创意上多探索，避免千篇一律的模仿。过多的同质化视频，很容易造成观众的审美疲劳，难有影响力。

此外，为了鼓励作者的创新，短视频平台在推荐机制上也作了相应调整。对于一些富于创意且较少的视频，抖音平台往往会提供更多的推荐机会和曝光机会。因此，与千篇一律的同质化内容相比，这些富于新意的原创视频往往更容易成功。

在视频内容方向的选择上，可以向流量较大的视频学习，但不能一味模仿，要富有创新精神，努力为平台注入新鲜内容，创作出更多形态的趣味短视频。

2. 视频发布的误区：渠道越多越好

为了让短视频得到最大限度的曝光，许多作者会选择将视频发布在多个渠道。其实，渠道并不是越多越好，每个渠道对于视频的发布以及引流都设有不同的机制，观众群体以及发布成本也有差别。因此，在选择渠道发布视频前，一定要全面评估渠道平台，适当舍弃一些成本高效果差的渠道。

3. 产品描述的误区：介绍越详细就越吸引人

许多抖音作者喜欢详细描述视频，可能会适得其反。抖音短视频一向以短小精简著称，因此产品介绍也需要贯彻简洁有效的原则。能够给人留下适当想象空间的简单介绍，反而更容易引发人们的好奇心。

比如"办公室小野"于2018年12月21日发布的把抽屉当烤箱烤火鸡的短视频，在介绍时就用了一句非常简单的话：抽屉烤箱宴，拉开获得圣诞惊喜火鸡套餐。这样介绍非常容易引发人们的联想：抽屉怎么当烤箱？更加吸引观众点击观看结果。

4. 视频变现的误区：为变现盲目提升视频格调

经营一段时间的短视频并成功积累一定用户之后，变现或者引流就成为面向商业作者的重要话题。为了更好地增加团队收入，一些作者开始提升视频格调。比如，原本以生活类视频为主的视频制作团队，尝试拍摄达人视频，像咖啡达人、篮球达人，力图通过与这些达人的合作，宣传商业品牌，创造更多的收入。但是，之前的视频主要以贴近生活的视频为主，所积累的用户也对这类视频更感兴趣。相比之下，并不是十分接地气的达人视频很难与已积累的用户产生共鸣，效果自然不会很好。

视频变现虽重要，但是，变现模式一定要与其内容定位有较高的相关度，比如生活类视频作者，可以邀请与原本内容相关度较高的达人合作。盲目提升视频格调的方法并不可取。

单元二 短视频账号基础操作

任务评价

按照表 2-3-1 的内容进行评价。

表 2-3-1 账号内容定位的任务评价

评价项目	自我评价(25 分)		小组互评(25 分)		教师评价(25 分)		企业评价(25 分)	
	分值	评分	分值	评分	分值	评分	分值	评分
天赋	10		10		10		10	
兴趣	5		5		5		5	
能力	5		5		5		5	
资源	5		5		5		5	

能力拓展

假如你五音不全,但是想经营音乐类账号,应该从什么角度切入?

任务 4 装修"走红体质"账号

学习目标

1. 掌握短视频封面设置技巧。
2. 掌握头像选取技巧。

学习任务

账号的设置包括账号名、封面图、标题等,这些在很大程度上会影响账号的形象和视频的播放量。设置账号就如同装修房子,要遵循一定的步骤和技巧。本任务学习如何装修出一个"走红体质"的账号。

任务分析

运营短视频账号,首先要认真装修账号主页。好的主页,即便没有更新视频,也会有粉丝关注。如何去装修一个账号?首先,从账号名称的设置、标识的设计上入手;其次,要注重头像的选择,可以使用真人头像、动漫或者账号名称作头像。另外,设置封面也有一定的技巧,包括作品的封面和账号顶部的封面图。这些都是装修走红账号的必备要素。

任务准备

数据分析平台:飞瓜数据 https://www.feigua.cn。

任务实施

第一步：设置账号名称

要装修"走红体质"的账号，首先要起一个响亮的名字，配上易记的标识（logo），绝不是随机选取的一个符号作为账号标识。标识是品牌精髓的视觉化表达。当用户可以轻松记住标识时，它就具有了品牌竞争优势。好的标识设计要关注以下 4 个方面。

（1）图标　简洁、标志性的图标识别度更高。例如，Twitter 的图标就很有标志性，如图 2-4-1 所示。

"从今往后，Twitter 就是这只小鸟，这只小鸟就是 Twitter。"2012 年，Twitter 发布了全新的、具有双关意义图标——简化版的 Twitter 小鸟。"twitter"本来也有"小鸟的叫声"的意思，在 Twitter 光明的前景下，这只小鸟蓄势飞向蔚蓝的天空。

（2）文字　标识的文字要精练，有设计感。字体不能用印刷体，首先要有外观、造型上的差异，还需要体现出品牌的特性，对形态、笔画、造型都有更高的要求。例如，"Ford"的字体及造型设计感强，辨识度高，其形象已经深深植入用户心中，如图 2-4-2 所示。

图 2-4-1　Twitter 的图标

图 2-4-2　福特的标识

（3）颜色　颜色是最重要的元素。根据 WebPageFX 公司的调查，有 85% 的消费者在购买时首先考虑颜色。世界 500 强企业中，有超过半数的公司采用蓝色为主色调，有 4 成的公司采用红色为主色调。因为，蓝色代表理智，红色代表热情。以蓝色为标识的企业会给人信任感，比如银行、保险、汽车等行业。而红色醒目，是转化率最高的颜色。标识在视觉上不能太散，要给用户整体统一的感觉。

第二步：选择头像

头像是辨识账号的一个主要因素。打开一个短视频账号，吸引用户进入的，除了内容以外就是头像了。选取头像要符合两个原则：符合身份特征、图像清晰美观。

（1）使用真人头像　真人头像可以让用户直观地看到人物的形象，拉近心理距离。

（2）使用短视频的动画角色作头像　用短视频中的动画角色作头像，有助于强化角色形象，如图 2-4-3 所示。

（3）使用账号名作头像　用账号名文字作头像，背景为纯色，突出了字体，直观，能够强化账号 IP。

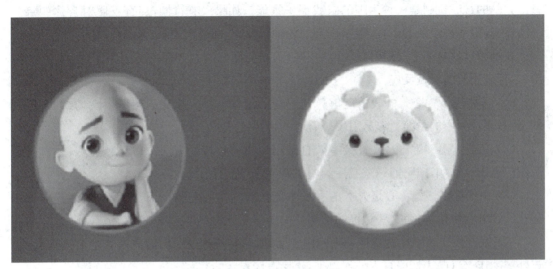

图 2-4-3 动漫头像

（4）使用卡通头像　选取一个和账号内容、方向相符的形象，符合短视频搞怪、俏皮的风格，可加深用户印象，如图 2-4-4 所示。

图 2-4-4 卡通头像

第三步：设置封面

人是视觉动物，越好看的事物，越受欢迎。同理，短视频封面越美，用户主动打开观看的欲望会越强烈。

（一）爆款封面的三大特质

1. 抓眼球

在广告业有一个著名的"三秒五步法则"，即用户经过一块广告屏，需要走 5 步用 3 秒钟的时间，如果没有在这个时间内抓住用户的注意力，广告就是失败的。同理，好的短视频封面，如果不能在短时间内抓住用户眼球，就是无效的。

大脑的过滤机制是一种生理的自我保护本能。如果没有过滤，那么衣服对身体的每一下摩擦、周围各种声音的干扰、眼睛看到的各种景象，全部涌入大脑，大脑会瞬间崩溃。

在这种过滤机制下，想快速抓住用户眼球，需要做好两点：第一，顺应用户注意力本能；第二，打破用户的机械反应。

（1）夸张表情　夸张的表情能够传递丰富的情绪信息。相比于表情平淡的封面，以人物、夸张表情为主的封面更容易引发观看者的批评、互动。

（2）制造对比　对比是最直接有效打破用户机械反应的方法。对比越强烈，越容易刺激用户点击。比如，减肥前和减肥后的明显对比，更吸引用户注意。

（3）引发好奇　好奇心是人类的一种本能。在好奇心的驱动下，人们的情绪反应大多是欢欣、期待、快乐等，而这些积极的情绪反应能够提升用户进一步行动。

（4）戏剧性　戏剧性就是把人物的内心活动，包括思想、感情、意志及其他心理因素，通过外部动作、台词、表情等直观外现出来，直接诉诸观众的感官。

2. 传递价值

传递价值是爆款封面的核心特质之一。一方面，便于用户了解每个视频的核心价值；另一方面，便于用户快速查阅、获取有价值的视频内容。

3. 彰显特质

在数以亿记用户量的短视频平台上，很少有人会注意到普通面孔。把短视频中最出彩、最能体现个人特质和账号特质的画面截取出来，并且通过封面持续输出，给用户造成"记忆点"。

（二）爆款封面的基本要求

（1）清晰明亮　太模糊或者昏暗，不仅会让作品显得质量低下，而且大大降低用户视觉体验。

（2）布局简洁、层次分明　混乱的布局很难让用户抓住重点，尽量选择布局清晰、背景干净、简单的素材，如图2-4-5所示。

（3）避免遮挡关键内容　视频下方的文案及侧方的转评点赞和关注按钮，会遮挡一部分画面。在制作封面时，尽量将核心内容放置在不被遮挡的区域。

（4）图片细节调整　设计封面的时候，要注意调整图片的亮度、饱和度、清晰度，使封面看起来轻松易读，提升用户体验。

（5）封面文字　封面的文字一定要大，字号最好不低于24；不要超过30个字，便于理解；文字一定要居中；最好使用固定风格、板式，可以加深用户印象；将核心点内容采用颜色区分；选择合适、优美的字体，提升封面的整体美感，如图2-4-6所示封面。

单元二　短视频账号基础操作

图 2-4-5　布局简洁、层次分明的视频

图 2-4-6　个性化的封面文字

（6）其他注意事项　尽量让封面图占满整个图片空间；尽量避免竖屏和上下加黑边的横屏；如果用人物做封面，尽量居中；尽量不用一张文字图片来做封面图。

任务评价

按照表 2-4-1 的内容进行评价。

表 2-4-1　装修"走红体质"账号的任务评价

评价项目	自我评价(25分)		小组互评(25分)		教师评价(25分)		企业评价(25分)	
	分值	评分	分值	评分	分值	评分	分值	评分
名称设置的识别度	5		5		5		5	
头像的垂直度	5		5		5		5	
封面的艺术性	5		5		5		5	
标题的吸引力	5		5		5		5	
脚本的热度	5		5		5		5	

能力拓展

根据所学知识完成以下任务（共10分）：

1. 拟定一个账号昵称，尝试设计自己的标识并设计一个头像。（5分）
2. 写一条母婴类账号的简介。（5分）

单元三　短视频拍摄与剪辑

　　短视频的本质，就是将文本语言转换成镜头下的流转语言，借助镜头，把想说的话娓娓道来。制作短视频，是一个实操性大于理论性的工作，需要从挑选顺手的器材开始，还要将各种技巧练习纯熟，比如运镜、转场、拍摄、选取音乐、添加字幕、配音以及剪辑等。综合这些手法才能制作出赏心悦目的短视频。

　　本单元主要学习短视频拍摄和剪辑的基础知识，练习短视频拍摄的运镜方式、拍摄技巧，以及学会使用剪映软件剪辑短视频的方法。

任务1　视频拍摄和剪辑基础知识

学习目标

1. 学习短视频拍摄和剪辑基础知识，初步认识拍摄和剪辑。
2. 了解短视频制作团队的人员构成、拍摄脚本的框架结构。
3. 了解拍摄中景别和运镜模式，为下一步拍摄打下基础。
4. 掌握视频的参数设置，能够调整参数模式。

学习任务

　　学习短视频拍摄和剪辑基础知识，了解拍摄中景别、运镜、构图的技巧；了解短视频制作团队的人员构成和脚本撰写，能够自行搭建拍摄团队和撰写脚本；了解灯光的基本知识。

任务分析

　　短视频的基本类型有渠道类型、内容类型，还有生产方式类型。根据已有条件选取相应的短视频类型作为主攻方向。依据类型，准备相应的制作团队和拍摄剪辑设备。了解制作团队的人员构成，熟悉拍摄流程，撰写拍摄脚本。确定是用手机拍摄还是摄像机拍摄，看情况决定是否需要三脚架、声音设备、摄影棚、灯光照明等辅助拍摄设备。器材齐全之后要了解各种器材的基本知识，例如景别、运镜方式、分辨率、码流、制式、比例，还有灯光原理。做好拍摄前的所有准备工作。

任务准备

高清摄像头、运行流畅的手机作为拍摄设备；三脚架、录音设备、摄影灯。

任务实施

一、短视频脚本的写作

在拍摄之前，需要策划内容，包括选题、脚本制作两个方面。脚本是视频拍摄的大纲，用以确定整个作品的结构和拍摄细节。

拍摄短视频，尤其是有剧情的短视频时，不能想到哪里就拍到哪里，盲目的拍摄不能保证短片质量，而且会造成素材的冗杂和时间的浪费。只有计划好拍摄的角度、时长等要素，团队人员才能高效完成任务，节省精力。

（一）短视频的脚本主要包括6个要素

1. 镜头景别

如图3-1-1所示，镜头分为远景、全景、中景、近景、特写。以拍摄人物为例，在此简单解释一下景别。

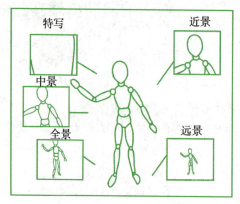

图3-1-1 镜头景别

（1）远景　把整个人和环境拍摄在画面里，常用来展示事件发生的时间、环境、规模和气氛，比如跨年欢庆的场景。

（2）全景　比远景更近一点，把身体整个展示在画面里，用来表现人物的全身动作，或者是人物之间的关系。

（3）中景　拍摄膝盖至头顶的部分，观众能够看清人物的表情，而且有利于显示人物的形体动作。

（4）近景　拍摄人物局部的部位，比如头以上的部位，有利于表现人物的面部表情，或者细微动作。

（5）特写　拍摄眼睛、鼻子、嘴、手指、脚趾等细节，用来突出表现细节。

2. 画面内容

画面内容就是通过各种场景呈现表达的东西。具体来讲就是拆分剧本,把内容拆分在每一个镜头里。

3. 台词

台词是为了镜头表达准备的,起到画龙点睛的作用。60 秒的短视频,文字不超过 180 个字,否则听得很累。

4. 时长

在脚本中需提前标注各镜头时长,方便拍摄、剪辑的时候,找到重点。注意控制视频总时长。系统判断视频质量时主要看 5 个数据:完播率、点赞率、评论、转发、关注。前期不要做太长的视频,视频越短,对视频质量考验越低,完播率越容易有保证。完播率并不是指播完整个视频,而是看完视频总长度的一半。

5. 运镜

运镜指的就是镜头的运动方式。常用运镜拍摄手法包括推、拉、横移、横摇、纵摇、跟随、环绕、升。运镜时可以配合稳定器。其实运镜方法有许多,只有熟练使用稳定器后,再考虑使用更复杂的运镜手段,使镜头看起来更加酷炫,更具动感。

6. 视频框架

视频通常分为前端、中端、后端 3 个部分。

(1)前端　留住用户。视频前端要引发观众联想,留下观众。必须在 5 秒内有"看点",让观众看到精彩内容。比如,搞笑的视频在 5 秒内就有笑点;知识分享视频在 5 秒内就要让观众看到知识点。否则用户会失去耐心。

(2)中端　阐述内容,制造情节。

(3)后端　视频后端可以引导点赞、评论。

案例　疫情期间报道医生、护士工作的视频"你愿意为他/她点个赞吗?"

(二)脚本撰写

(1)网上搜脚本模板　网络资源很多,搜索与拍摄套路相近的脚本。

(2)拆解热门视频做脚本　拆解同行的热门视频。大部分爆款视频都经过缜密的策划,找几个同类作品,拆解拍摄套路。

(3)直接在飞瓜数据、抖音排行榜找产品　查看此款数据(播放量、点赞量)较好的原视频,拆解拍摄脚本。模仿写拍摄脚本,见表 3-1-1。

表 3-1-1　短视频剧本范例

镜头	方法	时间	画面	解说	音乐	备注
1	全景,背景为昏暗的楼梯,机器不动	4	两个女孩 A、B 忙碌了一天,拖着疲惫的身体爬楼梯	背景是傍晚昏暗的楼道,突显主人公的疲惫	《有模有样》插曲	女孩侧面镜头,距镜头 5 m 左右

(续表)

镜头	方法	时间	画面	解说	音乐	备注
2	中景,背景为昏暗的楼道,机器随着两个女孩的变化而变化	5	两人刚走到楼梯口就闻到了一股泡面的香味,飞快地跑回宿舍	昏暗的楼道,与两人飞快的动作交相呼应,突出两人的疲惫	《有模有样》插曲	刚到楼道口正面镜头,两人跑步侧面镜头一直到背面镜头
3	近景,宿舍,机器不动,俯拍	1	另一个女孩C在宿舍正准备试吃泡面	与楼道外飞奔的两人形成鲜明的对比	《有模有样》插曲	俯拍,被摄主体距镜头2m
4	近景,宿舍门口,平拍,定机拍摄	2	两个女孩在门口你推我搡地不让彼此进门	突出两人饥饿,与窗外的天空相互配合	《有模有样》插曲	平拍,被摄主体距镜头3m
5	近景,宿舍,机器不动	2	女孩C很开心地夹着泡面正准备吃	与门外的两个女孩形成对比	《有模有样》插曲	被摄主体距镜头2m

二、13种常用拍摄手法

(1) 推(向前推镜头)　被拍摄的主体保持不动,然后向前匀速推镜头,取景范围由大变小。根据不同的剧情,还可以分为快推、猛推、慢推。通过镜头变焦实现不同移动。

(2) 拉(向后拉镜头)　匀速向后拉远镜头,取景范围由小变大(如由特写变为全景)。同样分为慢拉、快拉和猛拉。

(3) 摇(旋转摇镜头)　机位不动,以机位为中轴固定点,匀速旋转镜头,拍下周围的环境。

(4) 移(移动拍摄)　将摄像机安放在滑轨或者稳定器上,在移动中拍摄,方向可以自由控制(保持直线)。

(5) 跟(跟踪拍摄)　和"移"不同的是,镜头运动方向是不规则的,人物要一直保持在画面中。

(6) 升(上升镜头)　匀速向上升镜头。

(7) 降(下降镜头)　匀速向下拍摄。

(8) 俯(上帝视角)　一般向下拍摄,根据剧情设置高度。多用于小场景如美食,大场景如风光类。

(9) 仰(向上拍摄)　向上拍摄。

(10) 空(风景画面)　空镜头,没有人物主体,通常是树木、花草、山水等,配合音乐或者思想来拍风景。

(11) 甩(剪辑时效果更好)　主要用于画面的转场,更加自然,不留痕迹,有时还会有特效感觉。

(12) 第一视角　就是以主人公的视角和方向变化来拍摄。
(13) 第三视角　通常站在主人公背后拍摄，可以留全身，也可以留一部分。
(14) 变焦拍摄　和"移"不同的是，相机位置不变，通过调节镜头焦距，使远处的主体更加清晰，或者展现从清晰到虚化的过程。若镜头足够好，可不移动位置，通过缩放来拍摄特写或者全景。

三、视频的参数

视频的参数指标必须在拍摄制作之前搞清楚，了然于心之后，无论是前期拍摄，还是后期剪辑，明明白白，胸有成竹。不会因为这些难以理解的参数影响拍摄，而是充分利用这些参数制作出高水准视频。

1. 标清、高清、超高清

标清、高清、超高清其实说的是视频分辨率。视频的清晰度与分辨率有着直接关系，选择哪种标准拍摄、输出，与视频成品的清晰度直接相关。可以说分辨率越高，清晰度就越好。视频分辨率由高到低的排序是4k超高清、1 080高清、720高清、标清。理解分辨率指标很关键，这个指标在前期拍摄和后期制作的时候都会涉及。

4k分辨率是各大摄像机、相机、电视机厂商大力推广的超高清视频标准，具有4 096×2 160（像素）的分辨率，而普通高清分辨率是1 920×1 080（像素），720高清分辨率是1 280×720（像素）。这是现在网络短视频主流的分辨率规格，其中以1 080高清分辨率为主。

4k超高清视频比传统高清具有更高清晰度，但国内能实现完美呈现4k分辨率的设备还不够普及。前期使用4k分辨率的设备拍摄视频素材，使用配置较高的电脑剪辑、渲染，最后用4k超高清电视机或者显示器播放出来，才能看到真正的4k超高清视频。其中任何环节达不到，就无法确保是4k分辨率。国内主流视频网站基本没有能够支持4k超高清视频上传的，电脑也必须有超高的配置才能剪辑，存储视频拍摄素材也需要大量空间，即使拍摄制作了4k超高清视频，放在网站上也会被压缩。主流1 080高清视频已经足够，而且拍摄、制作没有太大压力，投入也可控。而现阶段4k超高清视频主要用于广告、电影级别的商用，后期制作1 080高清视频时也方便裁切画面。

网络短视频制前期拍摄设备、后期剪辑软件使用1 920×1 080（像素）标准就可以了。当然，如果有足够强大的电脑，也具备4k超高清视频制作能力，可选择更高标准的分辨率。未来4k分辨率肯定会全面普及，拍摄的高分辨率素材未来也能用得上。

2. 慢动作升格视频

单张画面可以看作1帧，而视频是由若干连续的单帧照片组成的。每1秒钟视频中所包含单帧图像数为帧速率。比如传统电影的帧速率是24 fps，就是说每秒钟电影画面中包含24个连续的单帧画面。24 fps的画面连贯程度也是最低极限，再低的帧速率，其画面就会出现跳动、不连贯的感觉。

帧速率越高，画面的连贯性就越强，单帧之间的跳动感就越低。用一个高帧速率拍摄，然后再放慢播放速度，就能达到连贯慢动作的效果。比如用120 fps帧速率拍摄，后期放慢视频播放速度1/2，画面也仍然会有60 fps的帧速率，并不会出现明显不连贯感，就可以制作流畅慢动作镜头。

普通的视频，如果不需要慢动作镜头，25 fps、30 fps 的帧速率就可以满足需要，这也是很多普通相机、摄像机选择的最低帧速率标准。制作普通慢动作，可以用 50 fps、60 fps 帧速率。制作超慢镜头，120 fps 帧速率是起步标准。

3. 场序

传统模拟信号采用的是隔行扫描技术。

逐行扫描是显示设备对图像按行逐一扫描，最后呈现 1 帧完整的图像；而隔行扫描是把视频的 1 帧画面拆成上场和下场两个部分分别扫描，前一帧扫上场，后一帧扫下场，这样交替扫描。连续播放视频时，在视觉上人们很难感受到画面的不完整，从而节省了一些电视传播成本。

隔行扫描的上场和下场就是场序。视频剪辑软件中都有关于场序的选项。如果视频是隔行扫描拍摄，在后期制作的时候一定要选择正确的场序，画面才能完美呈现，否则画面就会出现条纹缺失情况。当然，如果拍摄的是逐行扫描视频，则可以忽略场序的设置。

在拍摄视频之前，需要选择相机、摄像机里的视频分辨率。"1 920×1 080 P"，其中 P 代表逐行扫描，而"1 920×1 080 i"中的 i 就代表了隔行扫描。网络视频、电脑播放以逐行扫描为播放标准。如果不需要在电视台播放，拍摄的时候直接选择逐行扫描。

4. 画面的比例

如果拍摄的视频长宽比例不对，播放出来就是一个被压扁或被拉宽的非正常图像。

高清、超高清视频分辨率标准都是 16∶9，而且电视机和电脑显示器的屏幕长宽比大多遵循 16∶9 标准。在拍摄和后期制作视频时，选择这个比例，就不会出现任何画面变形的问题。

标清分辨率是传统的 4∶3 长宽比。如果导入高清视频工程制作时，画面比例就会出现问题；在后期剪辑软件设置错误，改变了画面比例或者设置了与拍摄素材不符的分辨率，也会导致画面变形。

有些手机的视频标准并不遵循行业标准，要应注意在手机里按照相关标准进行设置。很多短视频网络平台对视频横拍和竖拍有明确要求，最好与平台要求一致的横竖设置，视频才会正常显示。

5. N 制和 P 制

不同国家和地区的电视网采用的制式不一样，主要有两种制式，即 PAL 制和 NTSC 制，简称 P 制和 N 制。P 制的国家包括中国和欧洲，而 N 制主要是日本和美国等国家使用。其最大差别就是这两种制式的帧速率不同。P 制的帧速率默认为 25 fps 或者 50 fps，而 N 制则是 30 fps 或者 60 fps。

从目前网络视频的标准来看，区分制式的意义已经不大。如果不在电视台播放，可以选择帧速率更高一点的 N 制拍摄。高一点的帧速率对于制作有一定的优势，在网络上播放也没有什么太大的区别，都能正常播放。

6. 视频码流

高码流图像信息、声音信息更丰富，保留了更多视频、音频信号，而低码流的则被压缩而损失了很多细节。

一段1 080分辨率的视频,通常情况下选择机器里最高的码流标准。有些机器默认MP4格式或者mov格式,至少选择28 m及以上的码流,视频才有更好的画质表现。想要视频文件小一些,最好在后期通过软件压缩,不要在前期选择小码流拍摄。如果选择了小码流拍摄,后期则无法找回更多图像信息。

7. 色度采样

4∶4∶4是最高的色度采样,这个模式下拍摄的视频保留了所有像素的色彩信息。一般电影级数字摄影机使用这一色度采样模式,但视频文件信息量非常大,文件也相应非常大,需要专业项目团队处理。这种原始视频文件可以做深度调色。普通高端摄像机或相机则采用了4∶2∶2的色度采样模式,采样压缩了原始4∶4∶4的一半,但仍然是一种比较高的色度采样模式,也允许后期做一定的调色处理,保留比较多的色彩信息。手机、普通单反相机、无反相机则通常采用4∶2∶0的色度采样,压缩为原始采样的1/4,虽然肉眼上看不出与高采样视频有什么色彩区别,但后期调色处理的空间不够大,容易出现色彩断层。

最好采用4∶2∶2的模式。如果采用4∶2∶0模式拍摄视频,后期的色彩调整不要太大。网络视频调色方面的要求并不高,在4∶2∶0模式上稍微调色也是可以的。

任务评价

根据所学知识回答下列问题(共10分):

1. 什么叫景别?列举3种常见的景别。(4分)
2. 拍摄常规短视频之前设置参数,分辨率、制式、比例分别是多少?(6分)

能力拓展

要求拍摄一条呼吁大家不要乱丢垃圾的短视频,请你撰写拍摄脚本及一个完整的准备流程,包括人员组成、拍摄地点等。

任务2　短视频拍摄

学习目标

1. 能够自行拍摄短视频。
2. 了解拍摄构图的基本知识,学会给视频构图。
3. 了解镜头语言,会用不同的镜头展示构思
4. 熟悉手机拍摄的10个技巧,能拍摄带有美感的短视频。

学习任务

学习短视频拍摄基础知识,了解构图的技巧和镜头语言的运用。根据实际情况选择相

应的镜头语言,利用手机拍摄的小技巧,拍摄出较高水平的短视频作品;了解灯光的基本知识。

任务分析

好的构图能展示出美感,从视觉上给予观众刺激,从而欣赏并关注作品。构图是拍摄的最基础的技巧,掌握了构图,再学习相应的镜头语言,通过不同的镜头语言将脚本转化成视频作品。注意灯光的应用,合理运用自然光线。如果自然光线不足,要人工补光。手机拍摄相对于相机和摄像机拍摄,有单独的优势和劣势,要充分利用手机的优势,运用手机拍摄的独特技巧,拍摄出较高水平的短视频作品。

任务准备

一台摄像头高清、运行流畅的手机,以及三脚架、录音设备、摄影灯。

任务实施

一、短视频的构图原则与方法

画面是否好看,取决于构图是否合理。

1. **短视频的构图要素**

短视频的构图要素包括被摄主体、陪体和环境。

(1)被摄主体　被摄主体就是主要拍摄的对象,是内容表现的核心。可以是单个主体,也可以是一组被摄对象;可以是人,也可以是物。

(2)陪体　陪体指的是画面中与被摄主体有紧密联系的对象,辅助被摄主体表现主题。

(3)环境　环境是围绕着被摄主体与陪体的环境,包括前景与后景两个部分。其中,靠近镜头位置的人物、景物统称为前景,前景有时也可能是陪体。后景与前景相对应,指的是位于被摄主体之后的人或景。

2. **短视频构图的基本原则**

构图是一个造型艺术术语,即拍摄时根据题材和主题思想的要求,把要表现的形象适当地组织起来,构成一个协调的完整画面。短视频拍摄的构图需要遵循一定的原则,才能拍摄出优秀的作品。

(1)美学原则　短视频画面的构图应遵循美学原则,具备形式上的美感,具体表现如下。

① 被摄主体不应居中,要注意黄金分割,还要注意画面的平衡。

② 天地连接线不应一分为二地分割画面。

③ 短视频影调的色调和布光不能把画面一分为二。

④ 画面中的被摄主体不能太过孤单。

⑤ 被摄主体和陪体应该主次分明。

⑥ 人或物的连续线不要一字排开,应该高低起伏,层次分明。

⑦ 人或物之间的距离不应均等,应当有疏有密。
⑧ 水平线及景物的连天线要正,不要歪斜。
⑨ 人物不要全部正面地出现,应与镜头形成一定的角度。
⑩ 画面中的"线条",可以让画面富有动感和韵律感。

(2) 均衡原则　无论是在大自然、建筑设计还是在绘画作品中,均衡的结构都能在视觉上产生形式美感。要判断画面是否均衡,可以将画面分为4等份,形成田字格,4个格子里有相应的元素,而元素之间有均衡感。均衡不是对称,对称有的时候会非常呆板,而均衡会在视觉上产生美感。

(3) 主题服务原则
① 为了表现被摄主体,要采用合适、舒服、具有形式美感的构图方法。
② 为了表现主体,可以考虑破坏画面的美感,使用不规则的构图。
③ 和整体作品的基调风格不符,画面构图再优美也需要剪掉。

(4) 变化原则　短视频是一个动态作品,不能通篇没有构图变化,变化也正是短视频的主要魅力所在。因此,除了构图所表现的内容变化以外,构图形式的变化也是不可忽视的。

3. 短视频的常用构图方法

短视频拍摄和摄影,一个是动态画面,一个是静止画面,没有本质上的不同。在短视频拍摄过程中,无论是移动镜头,还是静止镜头,拍摄静止画面可采用摄影的构图方法。

(1) 中心构图法　中心构图法是最基础的拍摄方式。将主体放在画面的中间,优点是主体突出、视觉明确,而且画面看起来左右平衡,如图3-2-1所示。

(2) 九宫格构图法　用上下左右4条分割线将画面分割形成9个格子,如图3-2-2所示,交点就是画面的黄金分割点。全景拍摄时,黄金分割点就是主体所在的位置。拍人物的时候,黄金分割点就是眼睛的位置。

图3-2-1　中心构图法

图3-2-2　九宫格构图法

(3) 二分构图法　二分构图法是把画面一分为二,通常用在风景画面的拍摄中,也可以用在前景与后景区分明显的画面中,如图3-2-3所示。

(4) 三分构图法　三分构图法分为横向三分法和纵向三分法。如图3-2-4所示,把画面变成3等份,每一份都可以放置拍摄主体,适合表现多点平行画面。

图3-2-3 二分构图法

图3-2-4 三分构图法

（5）对称构图法　以中心轴为准，画面呈轴对称或者中心对称，如图3-2-5所示。这种方式比较稳健，适合拍摄建筑物，但是不适合拍摄快节奏内容。

（6）框架构图法　框架构图法是用前景景物做一个"框架"，形成某种遮挡感，如图3-2-6所示。增强画面的空间深度，吸引观众去看中远景处的主体。要注意框内的光线亮度，避免曝光过度。

图3-2-5 对称构图法

图3-2-6 框架构图法

（7）水平线构图法　水平线构图法是比较基础的一种构图方法，运用较多。水平线构图能够给人延伸的感觉，一般情况下用横幅画面，比较适合场面开阔的风光拍摄，让观众产生辽阔深远的视觉感受，如图3-2-7所示。

（8）垂直线构图法　垂直线形式构图，主要用来表现深度和形式感，能突出被摄主体的高度和伟岸，给人一种平衡、稳定、雄伟的感觉，如图3-2-8所示。

图3-2-7 水平线构图法

图3-2-8 垂直线构图法

（9）对角线构图法　被拍主体沿着画面的对角线方向排列，如图3-2-9所示。这种构图方式有很强的动感，视觉体验更加饱满，大多用于描述环境，很少用于表现人物，除非需要表达特定的人物设定。

（10）引导线构图法　利用线条来引导观众的目光，使注意力汇聚到主要表达对象上，如图3-2-10所示。画面有纵深感和立体感，前后景相呼应，还能划分画面结构层次。

图3-2-9　对角线构图法

图3-2-10　引导线构图法

（11）S形构图法　主体以S形路线从前景向中后景延伸，画面形成纵深方向空间关系的视觉感，能够表现曲线美，如图3-2-11所示。

（12）三角形构图法　以3个视觉中心构成一个三角形，呈几何结构，具有安定、均衡的特点，如图3-2-12所示。三角形构图分为正三角形构图、倒三角形构图、不规则三角形构图及多个三角形构图。

图3-2-11　S形构图法

图3-2-12　三角形构图法

（13）辐射构图法　辐射构图法带有辐射性，以被摄主体为核心，让景物呈四周扩散的构图形式，如图3-2-13所示。观众的注意力在主体上，同时也可以看到其他景物。一般用于场面比较复杂的情况，也可以在人物和景物纷杂的情况下产生特殊的效果。

（14）建筑构图法　在拍摄建筑时，要避开与主体无关的干扰体，比如电线、广告牌等，选择能充分表达建筑主体的位置，如图3-2-14所示。为了突出主体，取景构图时将其他建筑作为陪衬，但一定要注意主体建筑与其他建筑之间的透视关系，不能喧宾夺主。

图 3-2-13 辐射构图法

图 3-2-14 建筑构图法

（15）封闭式构图法和开放式构图法　封闭式构图法相对来说比较严谨，拍摄的画面基本完整，不存在残缺和遗漏，是一种比较常用的构图方式，适合表现和谐、美感的风光题材，以及纪实画面，如图 3-2-15 所示。相反，开放式构图画面是不完整的，有些元素可能被切掉；有些可能形象完整，但是运动状态、趋势不明朗，让人产生画面外的联想，如图 3-2-16 所示。

图 3-2-15 封闭式构图法

图 3-2-16 开放式构图法

（16）紧凑式构图法　将被摄物体放大，用特写的形式，铺满整个画面。画面具有饱满紧凑的特征，面部表情得到最大展现，能给观众留下非常深刻的印象，如图 3-2-17 所示。

图 3-2-17 紧凑式构图法

实际上，拍摄短视频与拍摄照片类似，都需要合理摆放画面中的主体，画面看上去更有美感，更有视觉冲击力，这就是构图。无论是短视频拍摄，还是短视频剪辑，都需要考虑构图问题。成功的构图可以提升短视频的档次，突出重点，有条有理，富有美感。

二、镜头语言

1. 画面处理方法

短视频的画面处理方法主要包括淡入、淡出、化、叠、划、入画、出画、定格、倒正画面、翻转画面、起幅、落幅、闪回、蒙太奇和剪辑。

2. 定场镜头

定场镜头指的是一场戏的开头部分，交代故事发生的时间和地点，也可以交代故事的社会背景，为短视频奠定基准节奏，营造气氛和感情基调。定场镜头是拍摄短视频的核心镜头之一，它告诉观众在哪里或什么时候，下一个场景将会发生。定场镜头的拍摄手法包括常规拍摄、结合情节、建立地理概念、确定时间。

3. 空镜头

空镜头可以起到陪衬作用。一般分为两类：第一类以景为主，物作为陪衬，比如拍摄山谷天空、田野、天空等，用这类镜头可以展示时间季节的变化，还能展示不同的地理环境风貌；第二种以物为主，景为陪衬，比如树梢上的小鸟、街道上的自行车、马路边的小花等，可以作为转场，也可以表达抒情和叙事，增强艺术表现力。

4. 分镜头

分镜头可以简单地理解成短视频的一小段镜头。电影就是由若干个分镜头剪辑而成的。分镜头能够从不同视角、不同方面了解画面所要表达的主题。分镜头可以让观众更全面、快速地了解被拍摄对象，更有兴趣观看下去。

5. 镜头移动拍摄

动静结合的拍摄，"动态画面静着拍，静态画面动着拍"。在拍摄动态画面时，镜头最好保持静止。动态画面是指拍摄的画面本身在动，如冒热气的咖啡、路上的行人、翻涌的浪花、不停变化的灯光等。由于被拍摄者本身在动，若镜头也大幅度移动，整个画面显得混乱，找不到主体。因此，拍摄完一个画面后，尝试换一个角度，同样不动，完成下一个分镜的拍摄。

若在拍摄静态画面时镜头也静止不动，就会显得单调。因此，在拍摄静态画面时，镜头可以适当地缓缓移动，但不要让拍摄的物体移到画面边缘或画面外。可以从上到下移动，也可以从左到右移动，尽量平行平稳地移动。

三、拍摄灯光

在室内拍摄短视频时需要灯光，请注意以下要素。

（1）光度　光度指的是光源的发光强度，以及光线在物体表面的照度，综合造成物体表面亮度的总称。光的强度大小和照射距离会影响照度，而照度大小和物体色泽会影响亮度。

（2）光位　光位是指光源位于被摄体的哪个位置，就是光线的方向与角度。同一个拍摄对象，在不同光位下，会产生不一样的明暗造型效果。

(3) 光质　光质是指光线聚、散、软、硬的性质。聚光是光来自同一个方向,形成一道光束,比如手电筒光就是聚光;而散光来自若干个方向,比如中午太阳照射下的光。光的软硬程度就由很多因素决定,很多时候说光硬,指的是被摄物体表面的光太强,视觉上不舒服。

(4) 光型　光型是指各种光线在拍摄时候起到的作用,分为主光、轴光、修饰光、轮廓光、背景光和模拟光。比如主光就是主要光源,而轮廓光是让被摄物体的轮廓显得清晰明亮。模拟光就是模拟某个物体发光,比如模拟太阳光等。

(5) 光比　光比指的是被摄物体上的亮暗对比,通常是指主光与辅助光的差别,比如面部光强烈,而背景光昏暗。光比很大,就容易突出面部的表情。

(6) 光色　光色也叫色温,是指光的颜色或者成分,比如昏黄的灯光色温低,而白炽灯的色温就高。光的冷暖感可以激发情感上的联想。

四、手机拍摄短视频的技巧

1. 竖着拍,不要横着拍

短视频平台以竖屏为主,所以竖屏视频的推荐比例要大于横屏,故尽量选取竖屏拍摄。

2. 稳定

手机很轻巧,即便是孩童也可以端着拍摄。要双手拿住手机,胳膊伸出;也可以将手肘放在身体两侧夹住,靠身体的移动来拍摄。

3. 使用网格功能

大部分手机都有网格、九宫格功能,开启之后拍摄,方便构图,如图3-2-18所示。

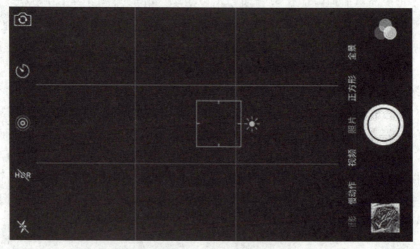

图3-2-18　手机九宫格

4. 利用环境光线

室外借助自然光线,比人工打灯更加真实。要拍出高质量的视频,必须巧妙利用光线。某些部分太亮或太暗,须转换位置和角度,直到不突兀为止。不同光线对比如图3-2-19所示。

图 3-2-19 不同环境光线对比

5. 换换场景和角度

一场戏一个镜头,选取多种角度进行拍摄,如图 3-2-20 所示,这样后期剪辑可选择的余地大。做短视频也可以多拍几条,换场景,视频会更加生动。

6. 手动设置曝光、聚焦

随意按住屏幕上的某个地方不动,激活自动曝光锁定模式,英文提示"AE/AF Lock"功能。该模式可避免不停地变换曝光,会使画面忽亮忽暗。聚焦和曝光效果如图 3-2-21 所示。主体不是静止不动的,镜头也不是静止的,自动对焦会来回变换焦点,使画面变得模糊。可设置手动对焦。

图 3-2-20 换角度拍摄　　图 3-2-21 聚焦和曝光

7. 后期配音

专业的话筒会收录画面前一个区域的声音,而手机会把所有的声音都收进去。想录某个人的说话,离拍摄的人越近越好,最好外接话筒。如果环境音太大,最好消除原声,进行后期配音。

8. 选购配件

辅助配件，比如三脚架可以稳定拍摄，智能稳定器可以边走边拍，外置话筒可以保证收音效果，外置的鱼眼镜头可以拍出广角效果等。

9. 做好前期准备

拍摄之前一定要检查设备，包括内存够不够、电量足不足，外置的设备、拍摄场地有没有问题，当天的天气如何等，这些都要考虑到。

10. 熟悉抖音拍摄功能

掌握倒放、慢拍、快拍、长按、倒计时等，学会根据内容配上合适的背景音乐。

任务评价

根据所学知识回答下列问题（共 10 分）：

1. 列举 5 个常见的构图方式。（3 分）
2. 拍摄一个花朵开放的镜头，放在对话类短视频里。请问这个镜头属于什么镜头语言？（3 分）
3. 拍摄蜜蜂采蜜的过程，采用哪种镜头语言比较合适？（4 分）

任务拓展

要求拍摄一条两人对话的视频，采用什么构图方式和镜头语言，才能让对话不显得枯燥？如果是室内拍摄，两人面部的亮度不足，应该怎样打灯，才能让画面看起来统一有美感？

▶ 任务 3　短视频的剪辑与包装

学习目标

1. 学习短视频剪辑基础知识，初步认识剪辑。
2. 熟悉剪辑中的注意事项，避免新手剪辑误区。
3. 学习使用剪映软件，可以完整剪辑短视频并进行特效包装。

学习任务

学习短视频剪辑基础知识，了解并避免新手剪辑误区。使用剪映软件，熟练掌握分割、拼接、配乐、上字幕、做动画、加贴纸特效等剪辑的基础知识，并运用这些知识完整剪辑一个短视频。

任务分析

短视频与影视剪辑不同，短视频更注重背景音乐的运用和特效的添加，素材处理也以快节奏为主,而且应重视片头和片尾的作用。首先导入素材,根据拍摄脚本将素材粗剪成型。然后添加转场动画和字幕,加入配音、配乐。最后进行特效包装,检查无误后导出视频。

任务准备

运行流畅的手机作为剪辑设备,下载剪映软件。

任务实施

一、剪辑的注意事项

（1）合理利用与整合素材　合理地利用和整合已有资源,可以大大提高工作效率,如音乐素材、模板素材及滤镜素材等。注意版权。

（2）突出核心和重点　视频剪辑是为短视频赋予第二次生命的过程。剪辑师会将个人对故事情节的理解投入其中,最后的成片突出的重点都是由不同的剪辑手法决定的。所以剪辑师必须对短视频要表达的主题有足够的理解,才能突出核心和重点。

（3）背景音乐与视频画面相呼应　背景音乐配合画面内容的发展,也是短视频内容的重要表现形式。要注意音乐的节奏感、音乐类型、音乐歌词是否与内容表达一致。

（4）镜头的剪辑　主要包括分剪、挖剪、拼剪及变格剪辑。

（5）尽量少用转场特效　短视频的转场特效应该用在前后镜头、画面,以及色彩相差过大或者故事发生重大改变的时候,起到承接作用。应尽量与短视频内容相贴合,浑然一体。滥用或错用转场特效容易打断观众的视觉思维,扰乱故事节奏。

（6）片头和片尾体现变化　片头是开场序幕,片尾给观众留下悬念。

（7）应用滤镜与分屏特效　应用滤镜和分屏特效,会更加炫酷,更有创意。

（8）应用时间特效　包括时光倒流、反复和慢动作3种。

（9）应用贴纸　添加有趣的贴纸,并设置贴纸的显示时长。

（10）上传并编辑视频　可以使用抖音App直接拍摄视频,也可以将手机相册中的视频上传到抖音App中编辑。

（11）设置视频封面图　抖音App默认将视频的第1帧画面用作视频封面,用户可以根据需要更改。例如,将视频中关键一帧的画面或有趣的画面选为封面图。

二、剪辑短视频

剪映是抖音官方的短视频剪辑工具,只有移动端,但是功能强大。而且,采用剪映软件剪辑视频,抖音会有一定的流量扶持。

1. 剪映功能介绍

打开剪映App,点击加号"开始创作",添加视频或者图片素材,如图3-3-1所示。"管理"功能可以管理之前的项目,包括删除、修改。

在右上角点击设置图标后,如图3-3-2所示。关掉自动添加片尾,否则视频在尾部会带有广告。

图 3-3-1 剪映开始页面

图 3-3-2 剪映设置页面

点击"开始创作",添加一张图片后,进入图 3-3-3 所示页面。

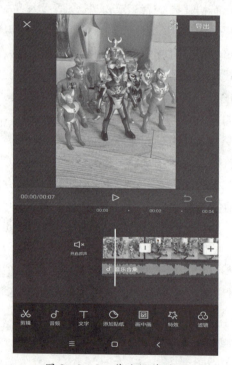

图 3-3-3 剪映操作页面

在左上方点击叉号可关闭当前页面。在右上方有两个按钮,一个是用来放大视频画面,点击后可预览效果;另一个是"导出"按钮。预览框下部是时间线以及剪辑框,可左右滑动。页面底部是滤镜、贴纸、特效等功能条。

2. 剪辑工具

(1)剪辑 点击底部功能条的"剪辑"按钮后出现剪辑界面,包括分割、变速、音量、动画、滤镜、特效、比例、背景、美颜等功能，如图3-3-4所示。

（2）关闭原声　时间线左侧有开启和关闭原声按钮，可以关闭视频自带的音频，添加音乐。

（3）分割　可以把一个视频分成两段。

（4）变速　添加加速或者慢放效果。例如一些情感短片，或者树叶飘落的画面需要慢放效果，如图3-3-5所示。其中，1×表示正常的速度，2×为加倍，0.1×就是慢速。

图3-3-4　剪映剪辑栏页面

图3-3-5　变速操作页面

（5）音量　可以调节视频的音量，只是作用于选中的视频片段，如图3-3-6所示。

（6）动画　添加类似转场的动画，如降落旋转等，如图3-3-7所示。

图3-3-6　音量操作页面

图3-3-7　动画操作页面

（7）变声　视频自带的声音可以变换声音效果，如大叔、萝莉等各种声音。但是，添加声音不能变声。操作页面如图3-3-8所示。

图3-3-8　变声操作页面

（8）复制　把视频片段复制一份出来。比如做好了字幕效果，下一个字幕不想再修改格式或重复之前的步骤，可以使用复制功能。

（9）倒放　视频的尾部和头部颠倒位置播放。

（10）定格　就是活动画面突然停止在某一个画面上，这个功能将选中的位置后3秒设置为定格。选中定格的片段可以添加特有功能。

(11) 旋转　视频左右旋转。

(12) 镜像功能　镜像就是把画面左右翻转了。

3. 视频转场效果

一段完整的视频由多段视频以及很多场景组成。而片段都是不同的场景，段落与段落、场景与场景之间的过渡转换，叫做转场。首先导入两段视频，如图3-3-9所示。

一般选择叠化、运镜转场、特效转场，如图3-3-10所示。点选"应用到全部"，整个视频所有的转场效果都用这个特效。

图3-3-9　转场操作页面

图3-3-10　转场动画

4. 调整视频颜色

如图3-3-11所示，点击"调节"，调整视频颜色的主要操作如下。

图3-3-11　调节操作页面

(1) 亮度　调节明暗效果。

(2) 对比度　调节明暗对比。

(3) 饱和度　让颜色更鲜艳。

(4) 锐化　让画面更加清晰，跟模糊相反。锐化不要加太高，否则有噪点。

(5) 高光　调节亮的部分的亮度。

(6) 阴影　控制暗的部分的明亮。

(7) 色温　暖色调和冷色调的调节。

(8) 色调　一般指的是红、绿、青、蓝、紫色调。

(9) 褪色　类似胶片的感觉，可以理解为模拟胶片。

"应用全部功能",就是把调整的色调运用到整个视频,包含多个视频片段。

"重置功能",就是把刚才调节的都恢复到原始状态。

5. 剪映卡点教程

点击"音频"按钮,可看到音乐、音效、提取音乐、抖音收藏、录音等功能,如图3-3-12所示。

(1)音乐　选择剪映推荐的音乐。

(2)音效　烘托声音的变声。

(3)提取音乐　提取一段视频中的音乐,作为选择音乐使用。

(4)抖音收藏　抖音收藏的音乐。

(5)录音　选中音频后,可以看到音量和淡化。淡化类似于音乐转场。淡入就是声音从很小的慢慢变成正常,淡出就是声音从正常慢慢变小。

(6)变声　男变女、女变男,或者变成动物声音。

(7)变速　变成1倍、2倍的效果。

(8)踩点　给音频做标记,根据标记的卡点分割视频。

6. 语音识别字幕

语言识别字幕页面如图3-3-13所示。

图3-3-12　音频操作页面

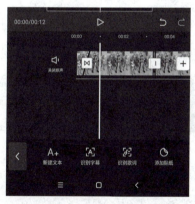

图3-3-13　语音识别字幕

(1)文本　为视频或者图片添加字幕,设置字体的不同格式。

(2)文本-动画　设置特殊的文字缩小或者放大的动画功能。

(3)字幕识别　能自动识别人的语音,转化为文字字幕。

(4)贴纸　视频的点缀效果,可以添加箭头、小心心等动画。

7. 比例调节和美颜

抖音采用9∶16的显示比例,有的显示设置采用3∶4的显示比例,或16∶9的横屏模式,可以根据情况调节。

(1)美颜磨皮　磨皮就是通过PS软件,消除人物皮肤上的斑点和瑕疵,面部更加细腻。

(2)瘦脸　将脸变小。

任务评价

根据表3-3-1的内容进行评价。

表3-3-1 短视频的剪辑与包装的任务评价

评价项目	自我评价(25分)		小组互评(25分)		教师评价(25分)		企业评价(25分)	
	分值	评分	分值	评分	分值	评分	分值	评分
视频的整理流畅度和逻辑性	4		4		4		4	
是否添加字幕	3		3		3		3	
音乐与视频相符合	3		3		3		3	
是否有开头结尾	4		4		4		4	
是否转场动画	3		3		3		3	
有无添加花边字幕	3		3		3		3	
是否添加音效	5		5		5		5	

能力拓展

要求剪辑一条音乐MV,以霍尊的《卷珠帘》为背景音乐,不需旁白,不用特效,单纯视频拼接。应该选取怎样的素材才能符合整个音乐的基调?如何让画面和音乐相匹配?尝试截取某部电影素材,剪辑一段音乐MV。

单元四　短视频账号运营技巧

短视频团队和账号搭建好之后,重点应该放在账号运营上。只有好内容没有好运营,不能算作完整的账号。短视频平台是以算法推荐为核心,所以必须了解算法的底层逻辑,然后运用一定的技巧,提升账号的权重。还要学会看数据分析,分析自己的数据,可以找出账号的不足;分析竞品的数据,可以学习优点,避免同类型的犯错。

任务1　提升账号权重

学习目标

1. 掌握抖音运营的方法和技巧。
2. 根据抖音的算法机制,学会提高账号权重的方法。

学习任务

短视频平台都是依靠机器算法推荐视频,算法核心大同小异。本任务是以抖音为例,结合抖音的运营技巧,了解短视频平台的算法机制,学会提高账号的活跃度及权重。短视频平台的算法机制不同于长视频平台,是根据数据推荐流量,因此提高评论比及点赞比对创作者获取平台的流量具有巨大的帮助。

任务分析

抖音、快手等短视频平台有一套独特的算法,平台根据内容标签和用户标签智能分配流量。粉丝比较少或者没粉丝的新号,一般以算法认识为主,而粉丝量多的大号就以用户关系为主,粉丝刷到视频概率更高。用户关系主要是指粉丝的关注。因此,新手只有深刻了解到平台的规律,才能掌握爆款短视频的秘籍。

任务准备

抖音 App:https://www.douyin.com/。

任务实施

短视频平台是按照分级制度管理账号。新号和有众多粉丝的老号,给予的推荐量是不一样的,所以要掌握如下技巧,以提升账号的权重等级。

一、激发用户提高评论比

人不能没有社交。没有了社交,人就变成了孤立存在的个体。评论是与生俱来的一种社交方式。在某种情况下,评论满足了大部分观众看完视频后的表达心理,也满足了很多用户在评论区找到同类的社交心理。

有很多人看完视频,都会不自觉地到评论区去看讨论。"自古评论出人才",这句话虽是调侃,却是对评论最好的总结。很多有趣的段子就出自评论区,只要在视频内容上多加引导,刺激用户的评论动机,就能够增加评论量。

(1)感同身受 调动用户的回忆,让用户感同身受、引发共鸣,从而刺激其倾诉欲。比如网易云音乐,就吸引了大批用户将听歌的回忆写在评论区里。网易评论区里有很多感人的故事,用户似乎看到了曾经的自己。创作短视频内容就应采用引起用户共鸣方式,激发用户的评论欲望。

(2)寻找存在感 只要有人聚集的地方就一定有存在感的需求,可以在视频中引导用户留下自己的足迹。

(3)获取归属感 核心粉丝用户通过评论和内容,与创作者互动,证明自己是活跃分子,寻找归属感。在网络中,如社区会员、区域粉丝,往往会形成小的社团,有共同的兴趣、爱好,或交流,或组织活动。视频要引导社群用户留言和评论。例如,有关明显的内容可引导粉丝留言,增加活跃度。

(4)好奇 评论可能是因为对视频的内容好奇,想得到解答,如主角用的是什么道具,背景音乐是什么,视频在哪里拍的。如果在视频内容里设置亮点,可以激发用户的评论欲。

二、激发用户评论的技巧

简单地说就是一个中心、3个方向。以视频本身为中心,从描述、初始评论、构造冲突3个方向,综合提高评论的数量和质量。

(一)一个中心

一个中心即视频丰富性。提高视频的信息密度,增加激发用户的看点,增加可评论焦点,用文字、语言描述视频中的所有内容。

(二)3个方向

1. 描述引导评论

描述是发布视频时填写的文字,好的描述是对视频内容的提示、补充,引导用户带来大量点击。视频本身加上描述来引导用户,可与初始的评论、新的评论组成新的内容,再次引导评论。

这一循环不断激发评论,新的评论再进一步激发新的评论,内容变成了自生长的系统。理解这个循环并且利用这个循环非常重要。

可以直接在视频结尾处提出你的问题,引导用户回答。比如美食教程可直接在视频结尾处提问:"你学会了么?"榜单性质的内容,可以直接提问:你看过几部?

运用描述提高评论的两大招术如下。

(1)如果视频本身信息量不大,就需要找与常识相反的焦点引导评论。例如,视频内容是关于猫的各种动作,在标题描述上写到:"这只猫有点丑",就有可能激发用户的评论欲。

(2)如果视频本身信息很大,那就直接提问,引导用户回答。例如,视频内容是各种类型的男生照片,就可以在描述里提问:"你喜欢的小哥哥是哪个类型?"

2. 初始评论

如果播放量和点赞比不错,却迟迟没有评论,说明评论门槛有点高,需要设置初始评论的内容,降低用户的评论门槛。设置初始评论应该遵循的原则如下。

(1)选择视频中最大的亮点　通常视频里会特意设置很明显的漏洞,引导用户寻找视频的亮点,从而激发用户评论。

(2)反向评论　互联网上的网络喷子、键盘侠指的是在现实生活中胆小怕事,而在网上占据道德高点,发表个人正义感的人群。

视频内容有时需要类似喷子的反向评论,可以引导更多用户加入论战,引发激烈讨论。这时不必担心口碑,因为有大部分粉丝会支持的。

在初始评论里设置反向评论,就是批评视频的核心、亮点,留下供其他用户抨击的口子,激发更多用户参与到捍卫视频角色的论战中。引导用户评论就是培养不同看法,培养竞争关系。从评论中选择一些对立观点去回复,也是一种很好的互动。

3. 构造冲突

构造冲突是短视频大曝光的基础。冲突是指发生在同一空间的两个或两个以上事物的对抗过程。要在视频里制作很大的冲突,一般情况下,3秒内就应当有一个冲突,才能留住观众。

上热门的短视频内容都有很大的矛盾。尤其是故事结尾处设置大反转,出其不意,让观众忍不住发出感叹。这样更容易让观众留下评论。观众会将剧中的矛盾放大,各自拥护喜欢的角色,在评论区展开激烈的讨论。

三、提高点赞比

虽然短视频火起来有一定偶然性,但是可以通过一些方式提高视频的点赞量。

1. 在结尾处刺激用户点赞

大部分用户在接近视频结束时点赞,所以视频必须对用户具有强烈的吸引力,让用户看完。例如,需要设置焦点,刺激用户点赞。把最具有启发的内容放到结尾,能够触动用户,让用户感到必须点赞。试举例说明如下:情感教育类视频结尾要有启发及情感冲击;搞笑类视频结尾要有超出期望的笑点;婚纱摄影类视频结尾要有极大对比及反差;商业类视频结尾要给出方法及方向;彩妆教程类视频结尾要给出美丑颠覆性的感官对比和对美的追求;美食类视频结尾要让用户有动手操作的冲动;幼儿教育类视频结尾要给出家长的反思或者引发争议、讨论;美容美发类视频结尾要给出有收藏和参考价值的素材库。

把神转折放在结尾。反转剧总是给人出其不意的感觉,让人看完视频后觉得有创意,就很想点赞。

2. 在视频中暗示用户点赞

很多视频创造者通常会让用户做一个关于视频的小承诺,比方说会在标题和视频内容里加一句"一定要看完""一定要点赞"等。等用户看完之后,点赞的概率就会大大提高。因为用户一旦继续往下看了,这就相当于做了一个小小的承诺。那么接下来,我们需要用户点赞的时候,就比较容易去实现了。

3. 形成特定标签,吸引喜欢这类视频的人群

标签是自我形象的设定。比如内容是诗情画意的,吸引到的一定也是诗情画意的人,用户有代入感,就更能收获他们的点赞。比如,李子柒的视频吸引了很多都市白领点赞。

4. 做有价值的内容,提醒用户点赞收藏

很多用户常常会遇到这样的问题,非常不错的视频内容,想再找却很难。有经验的用户通常会点赞,在下次直接翻开点赞列表就可以看到。有价值的内容,用户会为收藏点赞。所以,那些像PPT一样总结电影、书籍、歌曲清单的视频点赞量非常高,特别容易火。用户点赞的原因是能够在点赞列表里找到收藏的电影清单,甚至会分享、转发。

5. 激发从众心理

个人受到外界人群行为的影响,在知觉、判断、认识上表现出符合公众舆论或多数人的行为方式就是从众心理。所以,当一个视频的点赞量很高的时候,大部分人也会下意识地点赞。很多内容不错的视频,因为没有基础赞,很多用户就不会点赞。所以,在视频发出来后,就可以找一些人先点赞。

四、提升账号推荐权重

(一) 账号权重

抖音根据4个指标评判账号的推荐权重,分别是垂直度、活跃度、健康度、互动度。

(1) 垂直度 视频的内容和想要吸引的粉丝属性一致就叫垂直。抖音是一个推荐机制的平台。平台希望把对的内容发送给对的人,才会有越来越多的人喜欢这个平台。例如,某账号发了一个宠物类视频,系统推荐了之后有用户点赞评论,系统就会认为喜欢该账号的用户都是宠物爱好者,之后就会把该账号的内容推送给更多的宠物爱好者。如果转发舞蹈类别的作品,可能点赞评论就会很少。每次把流量给该账号,效果很差,平台就会判定给予该账号的流量是浪费,就会减少流量推送,直至没有流量。

(2) 活跃度 日活跃用户是一天之内稳定使用抖音的用户量。保持稳定优质的内容输

出,稳步提升日活跃用户指标,平台才会给予更多的流量。

（3）健康度　健康度就是用户对内容的满意程度,可以理解为作品对用户的吸引程度,体现在观看作品的时间,越完整越好。秒换和从头看到尾对平台的贡献是不一样的,平台更喜欢后者。

（4）互动度　多和留言的粉丝互动,互动度就会提高。粉丝喜欢才会花时间留言。每一次的回复,既可能把一个陌生的粉丝变成稳定的朋友,也给自己一次曝光机会。

(二) 提升权重技巧

1. 提升垂直度

（1）账号标签的养成　多看同行视频,找评论里面喜欢某类型视频的人,私信让他们来点赞或关注。找到同类型的账号,转发作品过去,带动同类型的人来关注和点赞。这样做就是要快速建立定位标签,获得更多同行及公域流量中的粉丝。

（2）内容标签的养成　前5个作品很重要,抖音会根据前5个作品的内容,给账号打标签。两者的标签匹配度越高,垂直度也越高。所以,这5个作品不能随便发视频,应坚持自己的定位,不要轻易改变。画面风格尽量一致,包括字幕大小、颜色等,做到封面整洁统一。

（3）头像、昵称　头像和昵称应该符合所定位的领域。评论其他账号时,就会有一部分人点开查看主页和作品,吸引过来的粉丝都带有该领域标签。

2. 提升活跃度

（1）保持稳定的更新频率　不要太密集也不要间隔太长。视频最少相隔6小时,最多不超过1周。

注意　6小时内不要发布第二条视频。

（2）作品发布时间　一般在早上7~9点,中午12~13点,下午18~20点。

3. 提升健康度

健康度理解为作品的质量,完播率越高,健康度越高,推荐也就越高。

（1）画质画面　画质清晰,不能模糊。采用竖屏拍摄,用户的观赏体验比横屏更好,竖屏的推荐率比横屏高出40%。

（2）内容　如果有很好的创作能力则可以自己创作;否则须借鉴同类型的大账号的视频,挑选点赞率高的,结合自身的特性拍视频。

（3）标题　沿热点方向,比如正能量（爱国、公益、爱心）,尽量往有意义的方向靠近。

（4）搬运　想长期运营,就不能做搬运操作。抖音通过抽帧查重,严格惩罚,并且还会事后追究。如果想短期引流,可以尝试,搬运视频并编辑、调色、剪辑等,前期可以获得部分流量。

任务评价

根据自己的账号定位,选择自己制作的5个视频,根据表4-1-1内容进行评价。

表 4-1-1 提升账号权重的任务评价

评价项目	自我评价(25 分)		小组互评(25 分)		教师评价(25 分)		企业评价(25 分)	
	分值	评分	分值	评分	分值	评分	分值	评分
垂直度	10		10		10		10	
活跃度	5		5		5		5	
健康度	5		5		5		5	
互动度	5		5		5		5	

能力拓展

以"展示自己生活状态的 Vlog"抖音账号,结合自己的经验、喜好、生活理念等写一篇主题清晰的文章。

任务 2　看数据分析

学习目标

1. 了解数据分析的意义。
2. 掌握关键指标。
3. 能够自行学习,收集资料,掌握分析和总结资料的能力。
4. 能够运用数据软件分析并改善运营模式。

学习任务

结合已运营账号的情况,通过数据分析,复盘和总结运营情况,全面提升运营能力。不管数据好还是不好,只有通过各个指标的对比分析,才能够清楚自己和竞品之前的差距,才能知道未来运营需要重点提升的数据,也才能知道账号运营是否健康。

任务分析

短视频所有运营行为都是以数据为导向的,除了需要通过数据持续了解播放量、点赞量、转发量,还需要观察后续数据变化,调整短视频的内容、发布时间和频率,逐步提升短视频的平台流量。数据是运营的灵魂,所有的运营都依赖于数据分析。

任务准备

数据分析工具:飞瓜数据 https://www.feigua.cn。

任务实施

一、用户分析

1. 什么是用户画像

用户画像是真实用户的虚拟代表,是建立在一系列真实数据之上的目标用户模型,就是将用户信息标签化。用户画像案例如图4-2-1所示。

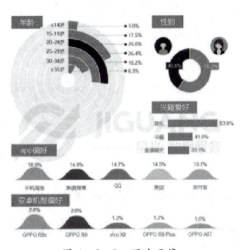

图4-2-1 用户画像

2. 用户画像的意义

用户画像有利于商家换位思考,让用户回到"以用户为中心"的设计中去;也有助于了解用户偏好,挖掘用户需求,实现精准化营销。

3. 如何给短视频用户画像

(1) 准备工作

① 将用户信息数据分类:用户信息数据分为静态信息数据和动态信息数据两类。静态信息数据是用户的固有属性,主要包括用户的基本信息,如社会属性、商业属性、心理属性等,比如姓名、年龄等。动态信息数据就是用户上网的行为,包括搜索、收藏、评论、点赞、分享、加入购物车、购买等。动态信息数据的选择须符合产品的定位。

② 确定用户使用场景:仅仅确定了用户的信息标签类别还不够,需要把用户特征融入一定的使用场景,才能体会用户的感受,还原用户形象。这是非常关键的一步。

③ 确定用户的动态使用场景模板:提前建立沟通模板,可以避免由于措辞不当和提问顺序变化对用户造成影响,使研究结论出现偏差。沟通模板要结合用户动态信息和用户使用场景,依据短视频生产者期待获取的信息来具体设置。

(2) 获取用户的静态信息数据　获取用户信息需要统计数以千计的样本量。而短视频制作公司通常体量小,且用户的基本信息重合度高。因此,可以利用网站可获取的竞品账号数据来获取用户的静态信息数据。

首先打开卡思数据网站,榜单页面显示了不同指标的榜单排名。按照视频发布的主体分为5类：红人榜、PGC、网综榜、网剧榜、动漫榜；按照不同平台分为7类：抖音、快手、bilibili、美拍、秒拍、西瓜视频、火山小视频；按照视频内容类型分为小姐姐、小哥哥、搞笑、美食等36个类别。可以选择更新的时间范围。经过筛选发现，抖音平台美食类的红人榜前100名排列如图4-2-2所示。

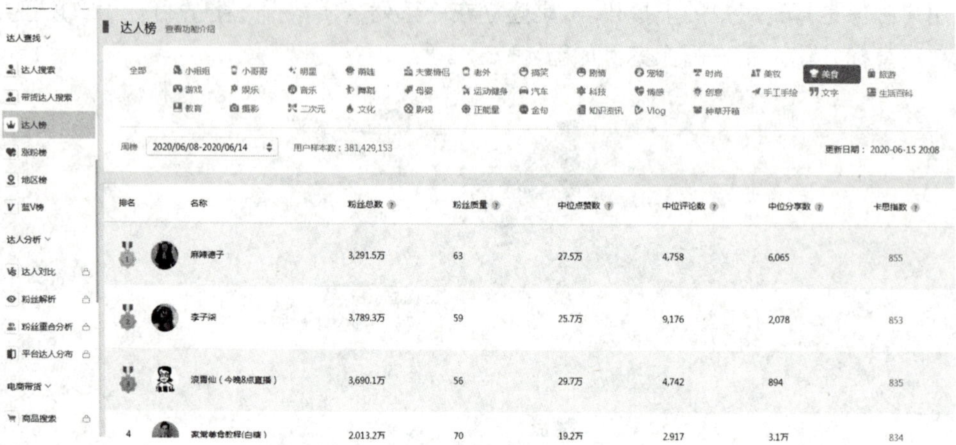

图4-2-2 "卡思数据"美食达人榜

经过筛选，选择账号"麻辣德子"，点击进入。可以看到4大数据分类：数据概览、粉丝画像、作品列表、带货分析，如图4-2-3所示。

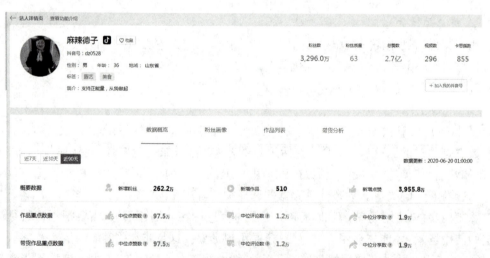

图4-2-3 "麻辣德子"数据分析表

（3）获取用户的动态使用场景信息　用户洞察方法有问卷调查、利用B2B销售人员构建用户画像、用户深度访谈等。用户深度访谈属于定性分析，是通过与被访者深入沟通来获取有价值的、详细的信息，因此需要对方做一些理解、回忆和思考。

（4）形成短视频用户画像　整合以上的静态信息和动态使用场景，就形成了美食类账号的用户画像，具体内容如下。

① 性别：女性占60%～70%，男性所占比例相对较小。
② 年龄：6～17岁占30%～40%，18～24岁占50%以上，25～30岁占10%左右。
③ 地域：广东、江苏、四川、浙江、山东占比最高。
④ 婚姻状况：未婚者居多。
⑤ 最常用的短视频平台：抖音、新浪微博。
⑥ 使用频率：女性3～5次/周，男性2次/周。
⑦ 活跃时间：晚上19:00～20:00，中午12:00～13:00。
⑧ 周活跃时长：2～8小时/周。
⑨ 地点：家、公司、学校。
⑩ 感兴趣的美食话题：被推送到首页的各地特色美食。
⑪ 什么情况下关注账号：画面有美感，日常饮食可以借鉴，账号持续输出优质内容。
⑫ 什么情况下点赞：比期望值高，特别走心。
⑬ 什么情况下评论：激发了共鸣或产生争议。
⑭ 什么情况下取消关注：视频内容质量下滑，与预期不符，无更新，广告太多。
⑮ 用户其他特征：喜欢摄影、美妆，喜欢有质感、高颜值、有格调的物品。

二、竞品分析

(一) 什么是竞品分析

竞品分析(competitive analysis)一词最早源于经济学领域，现在被广泛应用于互联网产品的立项筹备阶段，指评价现有的或潜在的竞争产品的优势和劣势，提升产品的设计和运营。

(二) 竞品分析的步骤

1. 确定目的

做竞品分析的前提是厘清现状，分析产品所处的阶段，了解目标用户，然后确定竞品分析的目的。

2. 确定关键词

(1) 联想关键词　结合产品定位，通过联想更多与产品有关的关键词，从用户、元素、场景等角度展开头脑风暴，尽可能多地获取与产品相关的关键词。

例如，母婴类产品的核心关键词有宝宝用品、辅食、早教；从"早教"又可以衍生出宝宝手语、早教机器人、绘本、英文儿歌、宝宝手工等关键词；从核心关键词"宝宝用品"又可以衍生出宝宝药品、婴儿奶粉、宝宝玩具、宝宝衣服、纸尿裤等关键词；而"宝宝玩具"又可以进一步衍生出男孩玩具、女孩玩具、哄睡玩具、健身架、益智玩具等关键词。

(2) 选取关键词　通过上述头脑风暴已经发散出了很多关键词，重点选取相关度高、体验好的关键词。然后根据选取的关键词，搜索和统计账号。通常选取3～5个与当前阶段重心契合的优质竞品，可以包括一两款该内容的龙头产品。

(3) 对比分析　按照若干指标，逐项罗列对比竞品，分析优劣。主要分析指标包括粉丝量、集均点赞量、集均分享、集均评论、爆款选题。例如抖音中，除了查看竞品页面的数据外，还可以结合卡思数据获取更详细的数据,如近 30 天粉丝增量、数据发布频率、用户画像等。

任务评价

根据所学知识回答下列问题(共 10 分):
1. 竞品分析的步骤是什么?(4 分)
2. 用户画像的定义是什么?列举其中的 5 个元素。(6 分)

能力拓展

以表格的形式提交收集的竞品内容信息,表格包括但不限于:竞品账号名称、内容定位、人设、表现形式、粉丝数、点赞数、转发数、留言数、账号内容呈现风格、竞品账号爆款内容主题、素材类型等。

单元五　短视频高效涨粉方法

粉丝量是衡量短视频账号的最直观数据,粉丝量代表流量。抖音账号的最终目的就是要获得粉丝。不论有多少观看量、有多少点赞量,没有粉丝沉淀,就不能称为成功的作品。粉丝是抖音运营的一个基础数据,无论是直播、带货、知识付费等,任何经营方式都以粉丝数为基础。

本单元主要学习抖音引流的技巧和方式。

任务1　短视频免费引流方法

学习目标

1. 了解抖音的4种基础引流方式,能够为抖音号定位和包装。
2. 了解借助热点事件引流,掌握热点视频的五大核心要素。

学习任务

学习抖音算法机制和内容设置技巧,掌握抖音4种基础的引流方式。紧跟热点话题,从文案和制作等多种角度挖掘爆点,最终完成短视频引流;掌握引流方式,打造个人的抖音IP,了解IP的基础知识和方法,为账号引来大量粉丝并沉淀下来。

任务分析

短视频有4种基础引流方式:昵称引流法、简介引流法、头像引流法和评论引流法。掌握了这4种方法之后,再学习如何利用热点事件引流。涨粉靠爆款,留粉看日常,爆款指的就是紧跟热点事件。首先做好内容输出,确定5个核心要素;然后辅助基础引流模式,尝试热点视频,增加爆款概率和吸粉能力。打造个人IP,就是留粉看日常。爆款视频只能迅速增加粉丝,但是留住这些粉丝,需要持续的内容输出。

任务准备

一台运行流畅的手机作为发布设备。

任务实施

一、抖音的 4 种基础引流方式

粉丝量是衡量短视频制作者的最直观数据。在自媒体时代，粉丝量代表着流量，做抖音的最终目的就是要获得粉丝。引流的方式分为免费引流和付费引流两种。其中免费引流是通过一些细节设置来获得流量，有 4 种基础引流方式。

1. 昵称引流法

图 5-1-1　抖音修改昵称

一个抖音号就是一个品牌，而抖音昵称就是这品牌的重要标识，昵称本身承担着抖音号的宣传推广任务。好的昵称，不仅能够有效降低用户的认知成本以及传播成本，还能有效占领用户心智。

（1）不要使用生僻字　能够让人记住，是取昵称最重要的目的，因此以好记为标准，不能使用生僻难懂的字。

（2）要有个性　不能选择千篇一律的名字，过于大众的名字，很容易让人混淆。

（3）不能包含贬义　贬义的昵称容易让人产生负面联想，会给人留下不良印象，丧失好感度。

首先，尽可能短。可以使用一些描述具体场景的词，比如"办公室小野"，就描述了其内容围绕的空间特征；"被窝里弹吉他""农业小纸条"，很容易让人想到一些具体的行为。也可以选择能够突出抖音号内涵或者个人特点的词，比如"大嘴博士""摩登史弟""憨豆小姐"等，可以让人第一时间了解账号运营人或者账号的特色，勾起好奇心；还可以采用字法，用重复的文字作为名字，朗朗上口，容易让人记住；采用地名也是取昵称常用的方式之一，比如"小沈阳""老泸州""青岛小苹果"等。

抖音的昵称允许修改。单击抖音界面的"我"按钮，进入个人设置界面，单击"编辑资料"按钮，再单击"昵称"便可以修改，如图 5-1-1 所示。不过，名字代表抖音个人品牌，建议取名时慎重，尽量不要随意修改。

2. 简介引流法

抖音号个人资料的设置还包含个人签名，这一项会显示在抖音昵称的下面，往往充当着简单介绍抖音号的作用，是用户了解抖音号的一扇窗户，对于账号的传播效果也起着决定性作用。通常情况下，抖音号介绍要能够突出账号的价值与特色，激发用户的探索欲望。播主在写抖音号签名时，要注意以下两点。

（1）简单、通俗易懂　对抖音号的简单介绍，要秉承简单、直接、通俗易懂的原则。一定要干净利落，让人一看就懂，不可啰唆。

（2）给用户关注的理由　用户关注的原因，就是账号可提供所需要的价值。交代清楚能够提供的服务以及专业程度，不要让用户对账号的价值产生怀疑。比如，新手妈妈想了解育儿方面的知识，看到"科学育儿，一对一答疑解惑"这样的功能介绍，自然会关注账号；烘焙爱好者看到"最详细的烘焙步骤讲解，教你解决配方、教程、原料、工具等各种烘焙问题"这样的介绍时，一定会心动，进而关注这个账号。

3. 用头像引流法

和文字相比，图片更容易给人直观的视觉刺激，让人印象深刻，这就是为什么大多数品牌都会在标识的设计上投入极大精力和金钱。对于抖音号而言，头像就是标识，要想让账号富有辨识度，就要在头像设计上花费心思。优秀的抖音头像有以下特点。

（1）色彩鲜明　色彩鲜明的头像更容易吸引观众的注意力，同时给观众良好的心理感受。

（2）图片清晰　一定要选择像素较高的图片，模糊不清的图片往往带来不良的视觉体验。颜色不宜过多，一般只需要两种颜色即可，否则很容易给人杂乱的感觉。同时，要尽量避免使用较暗的颜色，要足够亮、足够鲜明。

（3）名字关联　抖音的头像最好与抖音昵称有关联，头像加深用户对账号的印象，因此最好能够与抖音号的昵称和介绍相结合，突出价值与特色。

4. 评论引流法

评论区是与其他用户互动的重要渠道。新的抖音可借助已经拥有一定粉丝群体的账号或者拥有一定流量的短视频的评论区，为自己的账号引流。比如与自己的视频风格较为相似，且已经获得一定点赞量和评论量的短视频，留言表示对其视频的欣赏，然后在评论的最后加上一句："我拍的视频和这个一样有趣"，或者给一些评论"什么时候再更新"的用户回复："可以来我这里看看啊，有很多同类型的有趣视频。"

在评论引流时，要注意观众群体是否与自己的定位一致，还要注意语言巧妙，避免直接打广告。大多数人对于广告都有排斥心理。

二、利用热点事件引流

并不是说，把主要精力放在那些有"爆款潜质"的作品上，而是要本着做爆款的态度，去坚持做每一个作品。只有把作品的整体质量提升上来，做出爆款的概率才会相应增大。

90％的超级爆款（10万以上点击量）都能找到当时"热点事件"的影子。内容与热点事件有关，有很大概率上热门。作品爆发的五大核心要素包括快速执行力、再创新、话术、文案、热点魔性背景音乐（BGM）。

1. 快速执行力

执行力包括完成任务的意愿、完成任务的能力,以及完成任务的程度,就是创作者在发现热点事件后的行动力。例如,上海推行垃圾分类时,某团队立即推出新型垃圾桶街拍,直接冲到当日抖音热门视频的第一位。

2. 再创新

用户在刷到相近甚至完全相同的蹭热门题材时,前两次在好奇心驱动下,会看完甚至互动。但次数太多就会厌烦,所以,蹭热点不是盲目跟风,而是在抓住热点内核的基础上再创新。

3. 话术

话术,既包括说话的技巧,也包括说话的方法,比如用排比、拟人来表达思想。不要用陈述句,可用疑问句、反问句调节气氛,带动视频节奏。

4. 文案

文案主要指两种,即激活视频看点的"神标题"、诱发评论区互动的"神回复"。抖音作品的标题文案有以下两个关键作用。

(1)给机器看　算法系统抓取标题文案的关键词,再将视频匹配给相应的领域用户。

(2)给用户看　80%用户的前3个行为是看视频、看文案、看评论。

优秀的文案,既要包含领域关键词,方便系统抓取,也要通过一定的技巧,将视频的精髓展现出来,吸引用户看完,激发他们的行动。

5. 热点BGM

抖音的热门视频,一半靠精彩的视频,另一半则要归功于魔性背景音乐(BGM)。

(1)平时刷抖音听到有趣的声音,记得收藏。

(2)抖音站内有音乐排行榜,从榜单寻找。

(3)第三方平台统计的每日热门音乐。

(4)音乐网站(网易云音乐、QQ音乐等)收录的抖音热门音乐榜。

任务评价

根据所学知识回答下列问题(共10分):

1. 短视频引流有哪4种基础模式?(3分)
2. 打造个人IP,最重要的要素是什么?(3分)
3. 热点视频的五大核心要素是什么?(4分)

能力拓展

如果打造个人IP账号,要做哪些准备工作?有哪些要素需要考虑?前期要迅速起粉,结合自身的特性,应该跟什么热点?写出IP账号的整体规划,以及第一个视频的脚本。

任务 2　短视频付费引流技巧

学习目标

1. 了解抖音系统 Dou＋的 3 种投放方式，会根据自身情况选择投放模式。
2. 了解抖音流量的 3 个来源，可以因地制宜投放。
3. 熟悉抖音 Dou＋投放的三大价值。
4. 熟记 Dou＋投放的 5 个禁忌。

学习任务

掌握抖音的广告系统 Dou＋广告投放平台，要了解系统的 3 种投放模式，熟悉抖音的流量来源。了解 Dou＋的三大价值，并且清楚 Dou＋投放的禁忌。

任务分析

免费引流模式有一定的局限性，对于作品和运营者的要求比较高，而且耗时长。相对来说，付费引流模式更加简单直接。抖音提供了 Dou＋投放平台，客户可以在发布视频之后，立刻选取 Dou＋投放广告。投放模式不同，定价也各不相同，目前有 3 种投放方式，即系统智能投放、自定义投放和达人相似粉丝投放。应清楚抖音流量的来源，熟悉 Dou＋投放的三大价值，还要清楚哪些类型的视频不能投放 Dou＋，以免做无用功。

任务准备

运行流畅的手机作为发布设备。

任务实施

每个短视频平台都有广告系统，抖音的广告系统叫做 Dou＋，用户可以付费展示视频。基本价格为 100 元购买 5 000 次视频播放。这种形式可以迅速给视频引流。

1. Dou＋的 3 种投放方式

（1）系统智能投放　根据内容和账号的定位，由算法投放。特别是新账号，尤其内容偏大众化，如美食号、段子号等，可以根据系统智能做泛投放。

（2）自定义投放　自行选择投放的人群、性别、年龄、地域。这种情况适合定位清晰的垂直号。比如，账号目标是山东济南的男性粉丝，年龄在 30 岁以下，就可以通过这种方式定向投放。

注意 设定的太过精确,系统可能找不到匹配的人群,可能符合条件的用户不在线。需适当放松一些条件。

(3) 达人相似粉丝投放　即指定达人账号,投放给这些账号的粉丝。这种方式适合投放给非常精确的垂直类账号,比如母婴号,投放给某个教母婴知识的大号粉丝。这些粉丝都是新手宝妈,和内容定位很契合,能达到迅速引流的效果。

注意 泛娱乐号投给搞笑的大号粉丝,结果与智能投放没有区别。

2. Dou+流量来源

Dou+没有竞价环节,采用的是富余流量补足策略。抖音有3种流量,即广告流量、推荐流量和其他流量。

(1) 广告流量　最高优先级的是广告流量。但广告流量不是Dou+,而是广告。打开抖音,首先会出现开屏广告,这是最优先的流量,会强制推送给用户。

(2) 推荐流量　用户看完广告之后,系统会推荐一些点赞率高、热度高的视频,即推荐流量。

(3) 其他流量　一波推荐流量之后,如果用户还在刷抖音,则Dou+流量会以一定比例推送给用户。

3. Dou+投放的三大价值

(1) 内容测试　有时候精心制作的一条视频,结果没有播放量,作者会很受打击。可以利用Dou+做第一波测试,少量投资,看点赞播放和完播率等数据;如果数据表现好,可以加大投放量,让系统认为该视频有热门的潜质,进而推到更高的流量池里。

(2) 带货选品测试　和内容测试相似,但是带货选品测试比内容测试更加复杂,整个底层逻辑是不同的。需要测试视频投到Dou+以后的投资回报率(ROI),比如投100元Dou+,如果能赚回120元佣金,ROI为1∶1.2,则该视频值得继续投放。

(3) 直播带货　直播也可以投放Dou+,直接给直播间带来流量;间接的办法是,在直播过程中给视频投放Dou+。用户看完视频会发现这个号正在直播,就可能会点进直播,从而给直播间带来流量。

4. Dou+投放的5个禁忌

(1) 视频被搬运。

(2) 视频侵权(品牌以及人物肖像)。

(3) 涉及儿童、暴露等内容。

(4) 视频中添加的卖家产品是否异常。

(5) 带有诱导类内容的视频。

任务评价

根据所学知识回答下列问题(共10分):

1. Dou＋有哪 3 种投放方式？（3 分）
2. Dou＋投放的三大价值分别是什么？（3 分）
3. 有哪 5 种类型的视频不能投放 Dou＋？（4 分）

能力拓展

要求给一个染发类的视频投放 Dou＋，预算 500 元，应该选取哪些人群投放？选取哪个时间段投放比较合适？频率怎么选择？如果点赞和转化率不高，是哪里出了问题？如果投入产出比超过 1∶1.2，应如何增加投放？

单元六　短视频带货技巧

抖音已打通电商购物环境,除了有购物车橱窗,还有电商直播、抖音小店、夺冠商城等。"先做内容,再导流到微信成交"这套逻辑已经过时了,有了抖音就可以换个思路,做好内容直接销售。

利用抖音电商,靠内容销售火爆淘宝,例如刷鞋海绵、薄饼锅、妖娆花等。抖音＋电商模式,具有把普通商品变成稀有商品的能力;社交＋电商模式,将成为重要且新颖的销售模式。学会抖音等社交平台的短视频带货技巧,是未来电商人的必备技能。

任务1　短视频电商入驻和选品

学习目标

1. 了解抖音电商后台,知晓如何在抖音开店。
2. 知晓抖音开通商品橱窗的流程以及如何添加商品链接。
3. 知晓抖音爆款的定级标准,掌握四维选品法。
4. 学会利用飞瓜数据等数据分析平台寻找爆品。

学习任务

学习抖音后台电商工具箱,了解抖音商品橱窗开通方法,清楚后台各个版块的用途,了解开店流程,并且能自行添加商品链接;学会分析和预测抖音的爆款商品,了解爆款商品背后的商业逻辑,学会用飞瓜数据等平台分析爆款商品,然后掌握四维选品法来选择商品。

任务分析

短视频带货已成为电商的新趋势。与淘宝等电商平台相比,入驻抖音的电商平台相对容易;掌握开通抖音小店的步骤,很快就可以开通自己的店铺。抖音具有商品橱窗功能,可以添加其他平台的商品,比如京东、苏宁、淘宝联盟的商品等。在推广商品时如有交易,则会产生佣金。这可以理解为人人均可开店,而不必像过去一样,必须有供货链、经营许可等,只要开通商品橱窗,就可以卖货。

但不可以随意添加商品,要添加具有爆款潜质的商品。首先要了解什么叫爆款,其次需要通过数据分析来预测爆款商品。通过四维选品法,可以提升选取爆款的成功率,从而成功带货。

任务准备

开通橱窗的抖音账号,以及淘宝联盟或者京东联盟账号。

任务实施

一、抖音电商(电商工具箱)后台操作

(一)抖音电商功能分类

按照权限,抖音电商功能大致可以分为商品橱窗、抖音小店、抖音直播电商。

1. 商品橱窗

拥有个人主页电商橱窗,如图6-1-1所示,可以为发布的视频添加商品并售卖,也可以在直播间添加商品并售卖,并拥有Dou＋推广功能。

(1)入驻条件　需要抖音账号发布10条以上视频,且实名认证。

商品橱窗功能是抖音商品分享的基础,商品橱窗开通后才可申请视频购物车和抖音小店。

(2)优势　门槛低,方便抖音运营者管理商品。抖音用户也能直接在商品页挑选商品。

2. 抖音小店

如图6-1-2所示,开通商品橱窗之后,需要添加商品。不想使用淘宝店铺或者没有店铺,可申请抖音小店来添加小店商品。下面的入驻条件二选一。

图6-1-1　商品橱窗后台

图6-1-2　抖音小店界面

条件一：资质齐全，有淘宝、天猫或京东第三方平台的店铺。

（1）淘宝店铺需要满足条件　开店半年以上，店铺等级一钻以上，店铺评分（DSR）符合抖音电商商品 DSR 规则。

（2）天猫店铺需要满足条件　开店半年以上，店铺评分符合抖音电商商品 DSR 规则。

（3）京东店铺需要满足条件　开店半年以上，店铺星级 3 星以上，店铺风向标（用户评价、物流履约、售后服务大于等于 9.1）。

条件二：资质齐全企业或个体工商户。用户可直接在抖音 App 购买，无需跳转。

（二）开通抖音商品橱窗的方法

1. 商品橱窗申请入口

打开抖音 App→搜索"电商小助手"账号→点击"发消息"进入私信界面→点击左下角"申请入口"，进入申请页面。

2. 商品橱窗申请条件

对粉丝数量暂无要求，但需满足发布视频数不少于 10 个、实名认证、1 000 粉丝 3 个条件。审核通过后，可以在个人主页看见"商品橱窗"入口。

（三）商品展示位置

商品展示（购物车）位置有 3 个入口：视频播放页入口、视频评论区入口、主页橱窗入口，如图 6-1-3 所示。

图 6-1-3　购物车入口

（四）如何添加商品

1. 商品橱窗：添加商品

点击个人主页"商品橱窗"→"添加商品"，进入添加界面。可以直接在橱窗管理添加商品，如图 6-1-4 所示。也可以直接在搜索商品框里搜索，如图 6-1-5 所示。

图 6-1-4 商品橱窗中添加商品

图 6-1-5 搜索商品

比如搜索"小龙虾",会出来很多跟小龙虾有关的商品。可以按照佣金率排序,也可以按照销量或者价格排序。这样搜索出来的商品来自各个平台,商品前面的红色框是所属平台,如图 6-1-6 所示。如果已经选好商品,可以用商品链接添加,如图 6-1-7 所示。

在添加页面,可以直接复制粘贴商品链接或者淘口令,即可迅速添加选中的商品,如图 6-1-8 所示。

图 6-1-6 搜索商品页面

图 6-1-7 通过商品链接添加

图 6-1-8 添加商品入口

单元六 短视频带货技巧

2. 直播购物车:添加商品

开通直播购物车权限的用户,不用单独添加商品;直接同步个人商品橱窗的商品为直播间商品。

二、选品策略及渠道

带货之前要先选品,不仅要选择符合自己团队定位的商品,还要选择高性价比的商品。可以借助数据分析平台——飞瓜数据,如图6-1-9所示,研究数据维度,帮助团队寻找合适的商品。

图6-1-9 飞瓜数据后台

(一)抖音爆款/浏览量的定级判断

抖音的商品可以分为小爆款、中爆款、大爆款、现象级爆款,结合飞瓜数据后台商品在抖音站内近1个月内的浏览量,辅助分析商品的热度趋势。

(1)小爆款商品 商品浏览量50万~150万,如图6-1-10所示。这类商品在抖音里

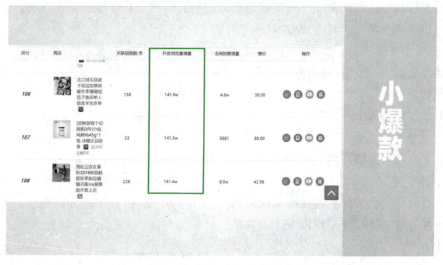

图6-1-10 飞瓜数据后台

已经初步印证,还存在巨大的上升空间。对这样的小爆款商品,可以结合商品数据的涨幅和带货账号的定位,进一步判断、选择商品带货。

(2)中爆款商品　商品浏览量150万~500万。这类商品在抖音中已经得到了小部分人认可,产品基本认可度没有问题,若近期数据涨幅无太大问题,可以结合账号定位尝试带货。

(3)大爆款商品　商品浏览量500万~1 000万。商品已经在抖音里获得了多次印证,获得了大部分人的认可,已经自带流量,较同类产品转化率更高,建议选择。

(4)现象级商品　商品浏览量1 000万以上,如图6-1-11所示。产品已经在抖音中非常热了。但建议不要尝试,很容易产生"炒冷饭"现象,效果也不会特别好。

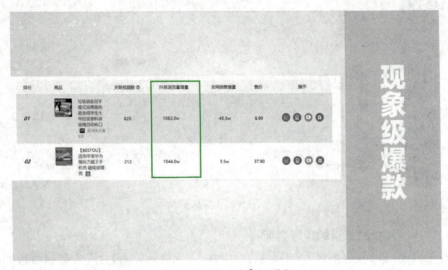

图6-1-11　现象级爆款

(二)四维选品

虽然有爆款"基因"的商品不一定成为爆款,但是,爆款商品一定有爆款"基因"。可从以下4个方面判定产品是否具备爆款"基因"。

1. 产品维度

产品维度,即一个产品抛开所有的附加值后本身所剩下的价值,是这一类产品具备共同的基本属性。

(1)季节性　每个产品都有销售旺季。首先要判定产品在这个季节是否合适带货,购买的人群是否较多。

(2)颜值高　判断高颜值的基本准则是产品的外观设计是否精美,是否符合所针对的消费人群的审美。

(3)成分控　很多消费者在购买洗面奶、洗发水等产品时,都注重分析成分。

(4)功效性　使用产品可以带来的效果。比如选洗面奶,有的人会优先选择去黑头、控油的产品。

2. 价格维度

(1) 售价　可以略高于同类产品,但是不要太高。

(2) 优惠券　优惠力度大会让消费者有"赚到"的感觉,容易引起购买意愿。

(3) 券后价　这个价格是产品到达消费者手里的实际价格。一般在 59 元以内的价格容易引起消费者消费的冲动,39 元以内更容易引导消费者的消费冲动,相对而言转化率也非常高。以上的价格区间是现阶段抖音带货价格的锚点。以这个锚点为基准,参考产品在电商平台的竞品售价,分析价格优势。同时还要多与商家沟通。

(4) 佣金　佣金是根据产品来确定的。一般而言,食品佣金 20%~30%,美妆洗护产品佣金 50% 以上,家居类 30% 以上。

3. 内容维度

内容维度是指产品本身的内容点,主要从节日性和新奇性角度分析。

(1) 节日性　节日送礼物是社会生活常态,所以很多商品被赋予了节日卖点,比如端午节的粽子、中秋节的月饼、情人节的口红等。

(2) 新奇性　一是商家自主研发的全新产品,是否具有区别其他竞品的亮点,或者具备差异性;二是产品是否可以引起观众深度了解的兴趣,满足消费者的好奇心。

4. 热点维度

热点维度是指产品本身所带有的话题,以及产品是否能引起消费者话题讨论,从而引发评论区的互动。

(1) 是否被大主播推荐或者安利过　例如"完美日记"就被李佳琦宠爱,他的一声声 OMG 就可以成为女性疯狂消费的原因。

(2) 是否有明星代言　金稻直发梳就是由杨幂这样强流量明星代言的,而在抖音热卖。

(3) 是否有 IP 价值　例如 Cabbeen 和故宫联名推出的系列服饰,故宫品牌使其成为了强大的 IP。

通过上述 4 个维度,如果能分析出 3~5 个强卖点,就说明某商品具备爆款基因,有一定的爆款潜质。

(三) 爆款跟踪

爆款产品可以借助大数据追踪,从流量涨势、销量涨势、转化率以及佣金比等角度,分析和判断爆款。

1. 流量涨势

流量即商品在抖音上的浏览量。在飞瓜数据后台的商品排行榜找到要观察的产品,点击查看抖音流量趋势图,观察近期流量起伏。如果该商品浏览量处于相对稳定的上升期,说明处于逐渐被认可的阶段。选择这样的商品,对视频会有热度加持作用。同时还需辅助分析以下情况。

(1) 关联主播的数量　即该商品在抖音有多少达人在销售。如果关联主播数量过多,说明同时有很多达人在推广该商品,则竞争激烈,谨慎选择。

(2) 关联视频数量　近 30 天推广商品视频数量,如图 6-1-12 所示。如果关联视频数量过多,说明该商品推广即将结束。准备、策划内容和拍摄等工作完成后,商家可能打算停止推广。

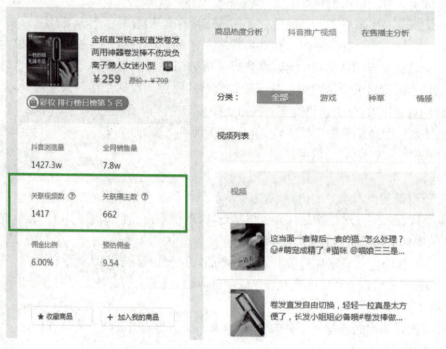

图 6-1-12　关联视频数

2. 销量涨势

通过飞瓜数据的商品舆情，观察目标商品近 15 天的销量增长，如图 6-1-13 所示。如果销量处于相对稳定的增长状态，说明商品在全网认可度高，可以考虑带货。

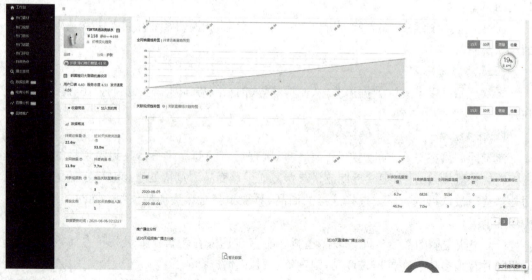

图 6-1-13　销量涨势

3. 转化率

用流量除以销量,预估一个大概的转化值。商品的转化值应在 0.02%~0.09%,低于 0.02% 的不考虑,超过 0.09% 的可以考虑。

4. 佣金比

佣金在 30% 以上就可以考虑。

任务评价

根据所学知识回答下列问题(共 10 分):
1. 抖音商品橱窗添加商品的流程有哪些?(4 分)
2. 四维选品法都有哪 4 个维度?(6 分)

能力拓展

在抖音上选取一款卖的很火的面膜,分析其销量大的原因。假设让你销售这一款面膜,请你写一份抖音销售策划书。

任务 2　短视频带货

学习目标

1. 了解什么样的短视频带货能力最强。
2. 清楚抖音电商必须规避的 3 处警戒线。
3. 了解短视频的 6 种带货模式及优势。

学习任务

学习抖音带货短视频相关知识,了解哪类视频为带货短视频。此类短视频具备哪些要素,并且应清楚了解抖音带货短视频的禁区。想要获得更大的曝光和转换率,必须明白哪种带货短视频可以提高曝光和转化率。抖音短视频总共有 6 种带货模式,须清楚每种模式的优势,根据实际情况选择相应的带货模式。

任务分析

短视频带货是目前最流行的带货方式。以抖音和快手为首的短视频平台,凭借着巨大的流量,成为了电商界一股不可忽视的力量。抖音有 6 种带货短视频模式,具有各自的优势。电商人要学会根据自己的情况,制作相应的带货短视频。在拍摄之前要做好选品工作;制作时要注意展现产品的卖点;发布后要有复盘、分析数据,为下一次发布做准备。要熟知抖音电商发布视频的 3 处警戒线,一旦越线,容易受到严厉处罚。

任务准备

一台运行流畅的手机及一台可以剪辑短视频的电脑。

任务实施

一、抖音带货短视频简介

拍好带货的抖音视频至关重要。用户先对视频内容感兴趣,才会对产品感兴趣。广告痕迹太明显会引起用户反感,软文广告更容易被接受。

(一)什么样的视频带货能力更强?

能够突显产品功能的视频带货能力更强一些,营销广告一定要突出产品的某个卖点。

1. 产品本身

大部分人刷抖音是为了放松、娱乐,并不想记住产品的卖点和知识。所以,产品的核心卖点不能太多,不要超过3个,只需把吸引消费者的核心卖点拍出来,让产品的特性更加清晰明了。如果产品的卖点不够突出,可以直接陈述概念,如明星防晒喷雾大比拼,补水喷雾某明星也在用,夏天户外拍戏永远晒不黑。

2. 模特要求

模特不一定都要网红,需要根据不同模特的表现能力,把产品自身的特性表现出来。产品不同,选用的模特也不同。比如,服装类商品就找身材好的模特,美食类找幽默搞笑的模特,旅游类找户外类的模特。

3. 视频结构

黄金3秒原则,即99%的用户在3秒前就划过视频了。在前3秒内如果视频没有吸引用户,就不可能产生点赞、评论、转发,甚至购买产品的行为。需要从视频的封面、标题、背景音乐与内容的匹配度入手,瞬间抓住用户心理。

(1)痛点+产品 某账号的视频内容直接突出产品,只卖正品低价的货。例如,官网口红价格200元左右,而播主卖149元,抓住了很多女性图便宜的心理。

(2)痛点+效果 例如,某账号专业分享营销、创业等干货,吸引了一大批想创业或者正在创业人的关注;宣传各种开店技巧及营销策略,看了视频的人也会有不小的收获。

(3)效果+产品 例如,某账号的视频都是通过亲身体验口红后,直接说出使用后的体验和效果,不必单纯地说产品如何好。

4. 利用平台的基础营销功能

一旦视频火爆,应抓紧时间开直播,争取更多流量。把产品名放在视频封面上,因为当有一个视频火爆后,如果提前设置了带有商品介绍的封面,用户就能很方便浏览相关视频,增加视频的二次曝光。

（二）视频后续工作

1. 更新

视频的爆量周期为2～3周，所以需要不断更新内容，维系精准粉丝。建议1～2天上传一条成品视频。

2. 创意

根据现有的视频内容或者网上寻找新创意。抖音的原生视频传播会减少用户认知度。比如，"迪丽热巴的舞蹈"，被无数年青女性模仿；"踢瓶盖"挑战赛中，甄子丹蒙眼踢瓶盖、挖掘机横扫瓶盖、跑车飘逸踢瓶盖等。

3. 换品

如果某商品卖了3～4个月，各素材套路均无法使其火爆，说明这款产品没有市场，不适合现在卖或者在抖音卖，须及时更换商品。要不停更换商品，以维持账号的活力。

（三）必须规避的3处警戒线

1. 不能出现敏感词

敏感词包括购买、下单、快递、包邮、好货、正品、福利、老铁等。抖音对名词审核识别非常准确，可用替换词，"购买"替换成"推荐"，"包邮"替换成"免运费"，"好货正品"替换成"高颜值性价比""亲测有效""超好用""OMG"，"福利"替换成"平价优惠"。"老铁"是快手平台专用词，抖音中可以替换成"各位""大家""朋友们""各位猪猪女孩们"。

2. 不能出现行业、内容的高风险内幕

比如，汽车行业内容不能出现骷髅头、纹身、引起人不适的车祸现场；服装类内容禁止出现成人用品、高仿知名品牌或奢侈品；美妆类禁止出现针剂、保健化妆品、肉毒素等医美类词汇；虚拟产品不能出现电话卡、游戏卡或美发卡充值、旅行社票务、证件；工艺品类不能出现钻石、贵金属、古董、名人字画、人民币；投资类内容不能出现证券、基金或其他金融相关软件及衍生品；宗教类不能出现佛珠、佛龛、佛香等。

3. 抖音官方不推荐的内容类型

（1）不欢迎各种形式的图片轮播。

（2）不推荐讲故事的"心灵鸡汤"。

（3）不推荐内容和商品毫不相干、混剪、搬运的视频。

（4）不推荐不露脸、不口播讲解、只露一双手的拆箱视频。

（5）不推荐口播提及价格的招揽式好物推荐。

二、抖音6种带货模式

（一）抖音的6种带货模式

抖音的6种带货模式如图6-2-1所示。

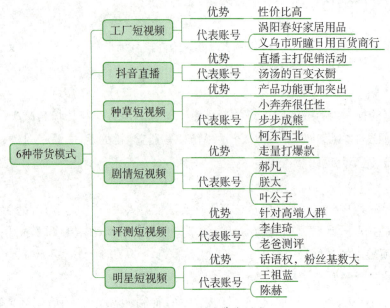

图6-2-1 6种带货模式

1. 工厂短视频

其制作方式非常简单,在工厂拍一段工人工作的画面,配上标准的宣传语:

大家好,这里是×××生产厂家,所有的×××都是从我这里发送到全国各地,千万不要被黑心商家坑了,坑用户的事情我不干。

如果你们感兴趣就点亮红心,关注我。

2. 抖音直播

在直播的同时,把卖货的过程录下来,二次创作,挂上商品,在抖音上发布。不浪费视频素材,直播带货与视频带货双管齐下。

3. 种草短视频

种草的意思是拍摄产品短视频,相当于种下了草,而用户看到视频购买商品,相当于拔草。种草账号并不是单纯的推销商品,而要介绍产品的好处和优点,站在第三者的角度推荐这款产品。

4. 剧情短视频

剧情账号卖货是通过特定内容,吸引特定粉丝,在高播放量和粉丝的基础上转化商品。如搞笑类剧情,受众非常广泛,男女粉丝非常平均,适合大众消费品售卖。如果账号对象是年轻女性,则适合美妆、护肤品等垂直类商品售卖。

5. 评测短视频

如"李佳琦"等账号属于专业性评测账号。李佳琦拥有多年线下美妆导购经验,可信度强,专业性高,评测维度广。一般都是由某个领域的专业人士操作。

6. 明星短视频

此类视频依靠明星的影响力和巨大的粉丝群体,先天就带有出货优势。例如,王祖蓝推荐的洗脸巾、陈赫同款的 T 恤等，如图 6-2-2 所示。

图 6-2-2　明星类短视频

(二) 6 种带货模式的优势

(1) 工厂内容主打性价比。

(2) 直播类主打促销活动。

(3) 种草类则是展现产品功能性。

(4) 剧情类则是走量打爆款。

(5) 评测类面向人群一般比较高端。

(6) 明星类则是依靠个人崇拜。

例如，一款美妆产品可以通过工厂、直播、种草、剧情、评测、明星任意一种形式带货。这需要从产品特性、内容形式与用户需求 3 个角度思考。不同的内容展现形式一定会吸引不同特制的用户群体，同样也决定了商品是否畅销。

任务评价

根据所学知识回答下列问题(共 10 分)：

1. 抖音有哪 6 种带货模式？(5 分)

2. 抖音电商必须规避哪 3 处警戒线？(5 分)

能力拓展

要求推广一款卸妆棉，但不能去工厂拍摄，只有部分素材和样品。应该采用哪种模式制作带货短视频？试剪辑几个卸妆棉的带货短视频。

单元七　短视频直播流程

早期的直播以才艺表演为主，主播的变现模式也比较单一，以获得打赏为主。随着大环境的改变和新模式的探索，直播＋电商逐渐成为焦点。从最初的互联网式社交到集流量与变现为一体的社交电商，主播的工作内容由表演和聊天变成了销售，收入也由打赏变为卖货或者带货。两者的对比一目了然，从秀场到电商的转变，一定是电商直播的效果更明显、更持久。自2020年开始，抖音也开始加大直播电商的力度。本单元主要介绍抖音直播过程，包括前期的准备工作、中期的直播工作及直播后的复盘，完整讲述抖音直播所需要的流程及其技巧。

▶任务1　直播前期准备

学习目标

1. 了解直播需要的设备，能自行搭建一个合格的直播间。
2. 知道一场完整直播的人员构成，清楚直播前应该做哪些准备。
3. 了解直播预告的重要性，可以制作一个直播预告片。
4. 进行直播的彩排和演练，熟悉直播流程。

学习任务

熟悉直播前准备工作，了解搭建合格的直播间需要的设备，能自行搭建一个直播间；知晓直播预告片的重要性和作用，能完整制作一个直播预告片；一场完整的直播需要很多岗位的配合，需要了解直播间的岗位分工和职责，能搭建一个直播团队；在直播前要进行彩排演练，了解直播的完整过程。

任务分析

直播工作一定不是孤军奋战。很多直播间只有一个主播出镜，其实其周围、镜头之外，还有很多工作人员。搭建一个直播间除了有场地之外，还需要有手机、三脚架、灯光、配饰、话筒等辅助设备，只有清楚搭建直播间所需要的设备，才能自行搭建一个合格的直播间。主播只是一个出镜的岗位，其他统筹、助理等也是完成直播必不可少的岗位，必须知道每个岗位的职责和功能，才能顺利组织一场完整的直播。直播前要彩排，将每一个流程都完整走一遍，以免在直播中出现错误，这就需要掌握每个步骤都需要做些什么。

任务准备

一台高清前置摄像头手机，一个密闭隔音的带 WiFi 的直播间，直播三脚架和直播灯光设备，直播用的手机麦克风。

任务实施

一、直播间的搭建及直播设备

直播间的整体搭建决定了第一观感。搭建一个完整的直播间，须从 5 个方面考虑，分别是场地、背景、产品陈列架、产品介绍板和主播走位设置。

1. 选择场地

优秀直播间的标准是：饱满而不拥挤。既能让用户感受直播间的丰富视觉舒适，又不过于拥挤。直播场地的大小要根据直播的内容调整，大致控制在 5～20 m^2。美妆直播，5 m^2 的小场地即可；穿搭、服装类的直播，要选择 15 m^2 以上的场地。

另外，要提前测试场地的隔音和回音情况。隔音要好，回音不能太重。实在找不到合适的地方作为直播间，可以考虑租赁直播基地，简单装修即可。

2. 背景

直播间需经适当的面积划分和设计，考虑好每个部分需要放什么东西，衡量其在镜头里呈现的效果。建议直播间的背景与直播封面的背景类似，不要过于花哨；建议整体用浅色系，比如浅灰色、灰色等冷淡色系。可以网上购买墙纸和布，或用窗帘、窗户代替。不建议直接用白色的墙作为背景，因为白色在灯光的作用下会反光，展示商品时容易造成镜头模糊。

3. 商品陈列架

商品陈列架就是放置直播商品的货架。有些陈列架在镜头之外，需要展示时，主播再去拿，会在一定程度上影响观感。但商品陈列架不是必须品，如果直播间不是特别小，建议把当期直播的商品摆放在镜头里。

商品陈列架的样式，需要根据直播内容和特点设置。一般服装类直播间都会有一个衣架，美妆直播间则用小小的化妆柜，鞋类直播最好准备一排鞋架。选择陈列架一般有两个标准：能更好的展示商品，让直播间看起来整洁有序。

4. 介绍板

在主播介绍商品时，用辅助介绍板动态播放商品视频，起到补充说明的作用。可以专门设置电子板，也可以用家用投影仪代替，只需提前调试好即可。一块小黑板可作为简易的商品介绍板，缺点是不能随着商品的更换而自动切换。电子板则可以跟着主播的节奏随时切换，动态播放。主播介绍商品，而电子板播放广告或者宣传片，打造场景，能唤醒用户线下消费的记忆，促成交易。

5. 主播走位设置

主播走位，是在直播过程中主播活动的区域和路线。一般服装类和运动类的直播间用到的比较多。主播需要在直播时试穿衣服，让用户看到正面、侧面、背面的效果，需要在直播间走动、展示。但是镜头是固定的，主播容易走出镜头，无法保证镜头效果。因此需提前设好主播的走位，最大程度展示衣服效果的角度，时刻考虑主播的站位是否能展现衣服的优点。主播只要在划定的区域和路线上，画面才不会出错。

路线设置要保证"两点一线一区域"。两个点，分别是主播近镜头展示细节的位置和最远距离定格的点；一线，是路线的划定；一区域，则是指主播活动的区域。直播时主播不能超过这个区域。

二、直播设备——灯光及拍摄设备

(一) 灯光

为了让直播间里的画面更加真实美观地展现在镜头前，需要灯光优化画面效果，主要从色温和光源两个方面入手。

1. 色温

色温是照明光学中用于定义光源颜色的物理量，一般处于 2 800～8 400 K 的范围。不同色温的光照在物体上，会产生视觉差别。在购买灯光设备的时候，需提前和商家确定想要的色温。色温较低，光源颜色偏红，叫做暖色光。暖色光看上去温馨、舒适，但在这种氛围里待久了容易产生困意。以人为主的直播间，尽量不要用太暖的颜色。

色温较高，颜色就会偏蓝，叫做冷色光。在冷色光下，物体比较亮，细节明显。比如美妆主播在冷色光下，皮肤状态看上去更好，但是脸上的痘和斑会很明显。

如图 7-1-1 所示，在低色温和高色温的中间值 5 600 K，是最接近自然光的，也最能体现物体的真实样子。如果没有特别的要求，可选用这个数值。如有特殊要求，可根据直播间的内容调整。比如想让直播间看起来唯美，可以选择偏暖一些的灯光，色温 4 000 K 左右即可。

图 7-1-1 色温对比图

2. 光源

光源又分点光源和面光源两种。点光源是从一个点散发出光，比如头顶的灯，如图 7-1-2 所示。点光源最明显的特点是高光比。人站在点光源下，高光和阴影明显，五官更加立体。但面部阴影太多会影响面貌，且呈现出的皮肤状态不好。但点光源会让衣服很有质感。比如，冬天直播间卖皮草，点光源下的皮草更高级，质感更好。

当光源的发光面积大于照射面积时,称为面光源。面光源具有光线柔和、自然、不伤眼的特点。整个画面会非常细腻,人在面光源下皮肤也会显得更好。如果是做美妆的主播,可以选择面光源,效果最好的场景是落地窗旁边,如图7-1-3所示。

图7-1-2 点光源

图7-1-3 落地窗旁边

鞋类、服装类的直播间最好采用点光源,而以人物为重点的则最好采用面光源。

(二)设备

1. 灯光设备

一套完整的基础灯光设备由一个主灯、两个补光灯和辅助背景灯组成,如图7-1-4所示。

图7-1-4 光源布置

(1)主灯 可以是直播间里的顶灯,也可以是LED灯,承担主要照明的作用。要注意让整个直播间均有亮度而不是局部亮,还需选择和调节色温。

(2)补光灯 主要是为了让画面更柔和,主播的皮肤看起来有光泽、细腻。多用主播专用的圆圈补光灯,既能补光又能柔光。

(3)辅助背景灯　一般安装在主播身后的背景上,起装饰和烘托氛围作用。当直播间里的灯光不尽如人意的时候,也可以调节背景灯,作为灯光的补充。

2. 拍摄设备

直播的渠道有手机端和电脑端,都是实时直播。

(1)手机端　是较为简单的一种方式,如图7-1-5所示。只需要手机登录直播后台,进入直播的程序,确保连接wifi即可。最好用专用手机,因为一旦有电话打进来,直播就会中断。手机端直播需要的设备也很简单,一部手机和一个三脚架即可。

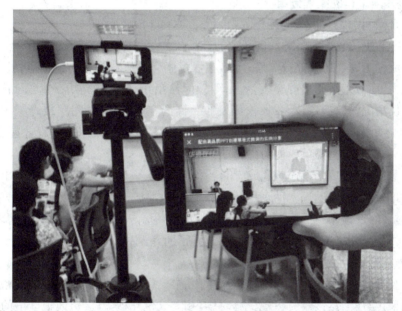

图7-1-5　手机端直播

(2)电脑端　电脑端直播需要连接摄像头,通过推流软件实现在线直播。摄像头直播相对于手机直播来说,画面更清晰。直播间摄像设备至少要满足3个要求:高清、平稳、低延迟,才能在直播时呈现较完美的画面。

三、抖音直播的前期准备工作

内容运营是直播电商非常重要的部分,前期的准备非常重要,主要从3个方面切入:直播预热、直播间工作统筹和带货全流程演练。

(一)直播前的预告

1. 发布直播预告

做好预告,事半功倍。从直播中选择优质的内容,提前编排,再将内容包装推广。用户提前通过预告了解直播内容,增加观众,这些都是精准用户,成交率比较高。另外,可以在预告里提前上线产品。开播后,后台大数据会通过计算匹配更多的精准用户。因此,直播预告一方面能给直播间引流;另一方面引来的流量更精准,有利于提高直播间的互动及成交。

2. 填写预告

直播预告通常是发布短视频，与一般视频操作步骤相同。前半段为直播相关的短视频内容，后半段是提醒用户接下来的直播等导流内容，也可以留下悬念。预告的封面最好和直播封面相似，会有更好的导流效果。

3. 预告的发布和审核时间

短视频平台的预告和动态都可以实时发布。运用好预告，能对直播产生非常明显的正向作用，也会在一定程度上解决流量和直播间销售问题。

（二）直播间工作的统筹分配

成熟的直播间一定有很多的工作人员，负责直播的不同工作内容。

（1）控场主播　这类主播要具备强大的控场能力，无论在什么情况下，都能让整场直播按照正常的流程走完。还要充分了解产品，在保障流程的基础上，促成直播间成交。具备一定的反应能力，面对直播间里的突发情况，要及时给出最佳解决方法。在实际直播中，会出现各种突发情况。比如，有人在评论区发布负面内容，要第一时间用最舒缓的方式解决，而不能影响直播间里的其他人。测试某款产品时出现了失误，要怎么解释才能让用户接受并且继续购买，都是对主播反应能力的考验。

（2）直播助理　如果产品过多，或者直播间互动较多，可以选择多个主播出镜，除了控场主播，还可以增加直播助理。助理的工作就是协助主播工作，包括前期直播脚本、流程的核对；直播时及时反馈用户的问题，并在后续跟进；直播结束后的粉丝维护。助理也要对产品的特性和作用了如指掌，能引导用户下单。有了助理，主播就可以专心介绍产品，走流程。两个人配合，减轻疲劳，工作效果会更好。

（3）技术人员　负责直播间里技术方面的工作。除了最基础的设备问题，最重要的是，在直播时保证优惠券、链接及时出现。有时候，相差仅仅几秒，就会造成很严重的后果。

（4）其他辅助人员　选品人员、现场协助人员、打包发货人员的工作也同等重要。因为直播电商不仅仅是直播，而是一系列工作。如果一个环节出现问题，直播都不能成功。

（三）带货全流程演练

1. 演练的目的：一升一降

"升"主要是为了提升实际直播时的流程顺畅度。一段从没讲过的话，口才再好的人也会磕绊；一个新的流程，第一次走难免会生疏。所以，演练的目的之一就是提升熟练程度和顺畅度，避免流程混乱、直播磕绊。

"降"主要是为了降低实际直播中的出错概率。在镜头下说错话，很难挽回，会降低粉丝的信任感。比如，直播间里的优惠是 8 折，但主播口误说成了 5 折。用户点进详情页却发现不是说好的价格，心理上会有落差，容易产生负面评价，影响后续直播。一场直播卖十几种商品，价格和优惠都不一样，很容易出错。很多错误可以在演练的时候提前发现并改正。

例如，开播了几年的、非常有经验的头部主播李佳琦，有一次在直播间卖不粘锅的时候，助手没有按照正确的流程操作，直接在锅里打了一个鸡蛋。李佳琦一边介绍这是一款不粘锅，却发现鸡蛋粘在锅上铲不下来。如果助手在开播前能提前测试煎蛋的过程，就会避免这种尴尬的情况。

2. 演练的重点

（1）商品的顺序　在直播流程里，一般低价位的生活用品比较容易"打开"用户的购买欲望，然后陆续上线不同品类、不同功能的商品。商品过多容易造成混乱，因此演练的目的是确认顺序，一定不能出错。一旦有一个商品顺序错了，后面的都会混乱。

（2）产品介绍及试用　产品的介绍是在实际使用的基础上，适当地自我发挥。电商直播和传统电商最大的不同就是，会当场试用。试用的目的是让用户看到动态效果后产生购买的冲动。例如，主打一件显瘦的风衣，但是主播穿上后却显得虎背熊腰，则需要换一个身材更好的主播或者换一件真正显瘦的风衣。

（3）直播间里的优惠政策不能出错　用户听主播介绍了10分钟，就等优惠的5秒下单。主播介绍说50块钱能买到，付款时却发现要80元，就算市场上价值100元，他们也会产生落差感。一旦有粉丝认定为虚假宣传，会对直播间造成致命的打击。

一定要在实际直播开始前全流程演练，熟悉流程，减少错误。

3. 复盘

首先，总结演练中所有的错误和不顺畅衔接。然后，推测演练中没出现、但可能存在风险的片段。最后，改正错误，排除风险，优化整个流程。演练也要当作一场真实的直播，才能有体验感。直播中出现了哪些错误，有哪些可以改进，流程是不是顺利……把可能遇到的问题都排除一遍，才能呈现给用户一场体验感更好的直播，最终推动互动、涨粉、成交等。

（四）抖音直播的流程

步骤1：首先打开抖音，点击右下角的"我"，如图7-1-6所示。

步骤2：点击右上角的菜单栏，点击"设置"，如图7-1-7所示。

步骤3：点击"反馈与帮助"→"直播"，如图7-1-8所示。

图7-1-6　开直播流程

图7-1-7　找到设置栏

图7-1-8　直播申请

步骤4：点击"我是主播"，点击"如何开直播"，可获取开直播的权限。

任务评价

根据所学知识回答下列问题（共10分）：

1. 直播间需要哪些必不可少的设备？（3分）

2. 一场直播需要几个岗位？每个岗位的大体职责是什么？（3分）
3. 直播过程分为几个板块？每个板块应注意什么？（4分）

能力拓展

要求搭建一个童装类的直播间，需要如何布置直播间？如何选择空间大小、颜色、背景、灯光？主播的形象怎么设计会显得更贴合商品？童装的目标客户群是哪一类人群？针对这类人群，应该怎么设计话术？试演练直播。

任务 2　直播内容执行

学习目标

1. 了解直播流量来源，掌握获取引流的 3 种方式。
2. 掌握增加用户停留的四大技巧。
3. 掌握直播间销售变现"五步法"及让用户下单的技巧。

学习任务

学习直播技巧，了解直播的工作内容。首先解决流量问题，学会从视觉系统、引导分享、选品策略等 3 个方面获取引流；用户进入直播间，需增加其停留时间，只有一定的停留时间才会有下单的可能。掌握增加用户停留的四大技巧；并引导用户下单。掌握直播间销售变现的"五步法"，才能最终完成一场直播带货的流程。

任务分析

直播最重要的工作内容就是流量和用户留存，只有满足了这两个条件，才有可能进入下一步购买过程。因此一场完整的直播，首先要解决流量获取问题，主要从视觉系统、标题和选品策略 3 个方面获取流量。视觉系统中，封面设置要有吸引力，从视觉上刺激用户点击，并辅以引人注目的标题。在用户观看的时候，通过商品的吸引力引导他们分享，这样可以获得更多的流量。要解决用户的留存问题，需要掌握直播间专属福利、粉丝等级福利、游戏互动和关注等，留住用户。跟用户互动、交流、销售商品，通过变现"五步法"引导用户一步步下单。

任务准备

一台高清前置摄像头手机，密闭、隔音、带 WiFi 的直播间，直播三脚架和直播灯光设备，直播用的手机麦克风，能开直播的抖音账号，有挂购物车的商品样品。

任务实施

一、流量获取

(一) 视觉系统

视觉系统主要包括直播封面、标题,是整场直播中决定流量的重中之重。

1. 封面

封面是用户第一眼就能注意到的元素。在确认不违规的前提下,优质的封面能获得更多的流量和播放。无论在哪个平台直播,封面都要干净、整齐、不邋遢。建议背景为浅色,禁止大面积黑图,不要拼图,注意各个平台封面图的尺寸。抖音的封面图可以增加醒目的文字。直播封面的设置有以下技巧。

(1) 不要影响固定信息的展现　一般直播封面右上角会显示头像和观看人数,最下面一行会显示标题。不要影响这两部分的观感。

(2) 凸显直播主题　让用户一眼就能明确直播的主题和内容。

(3) 有特色的封面　图片的视觉冲击力要强,能够引发用户的联想和好奇心。

(4) 妙用手势　直播间常用的 3 种手势:手向上、手向下和比爱心。手向上,指向封面的头像,引导用户关注;手向下,指向购物袋,引导用户购买;比爱心,则是对主播人设的加持,吸引用户点进直播间。

2. 标题

如果封面没有在第一时间抓住用户的注意力,标题则可充当完美替补。检验"好标题"的方法是:用户看完标题是否会点进直播间。优秀的标题一般符合以下标准。

(1) 在标题里多用疑问句或反问句。

(2) 结合实事、热点或明星相关的话题。

(3) 悬疑、猎奇类型的标题。

(4) 能够戳到用户的痛点。比如直播间推荐一款去屑洗发水,则目标人群最大的痛点是头皮屑。

(二) 引导分享

除了依靠封面不断吸引流量、各个平台分发聚拢流量外,直播间里的用户分享往往也能带来一批新的流量,主播一定要把粉丝的朋友都变成自己的粉丝。

引导分享有两种场景:一种是用户基于对主播或商品的喜爱自发分享,那么主播只需尽量展示商品的优点和直播间的优惠,强调机会难得,触发用户的分享心理。另一种是主播有意识地去引导分享。常用的话术是"喜欢的宝宝们可以点右上角分享给朋友们"。有技巧一点的话术是结合商品,比如"这款商品特别适合宝妈,身边有宝妈的朋友们一定记得分享给他们"。

(三)选品策略

直播前需要提前将商品分为 3 大类:抢拍款、基础款和利润款。抢拍款,是低价、限时、限量,需要靠手速抢购;基础款,可以理解为经典款,销量、评价都不错的款式,用户不需要考虑太多就会购买;利润款,利润空间较大,直播的利润主要靠利润款,想保持直播间的热闹氛围和用户的购买欲,至少要上架 3 种款式,在不同的时间段销售。常用以下 2 种模式,不断循环,能达到更好的带货结果。

1. 1 抢拍款+1 利润款+2 基础款

直播刚开始,直播间的流量处于上升阶段。主播可以闲聊一会,等直播间观众增多时,拿出抢拍款,作为前期用户的福利。一方面能调动用户的积极性和购买欲望,另一方面能吸引更多的外部流量。抢拍款结束后,流量会增加,用户更加活跃,抓住机会上一批利润款,销量也会很可观。利润款之后再来两波基础、经典的款式,用户没有太多的顾虑,款式适用于大多数用户。

2. 1 抢拍款+1 基础款+1 利润款

初始阶段和第一个模式一样,靠抢拍款拉流量,然后推出适合大众的基础款。当流量不断进入而达到高峰时,推出利润款,这样能保证利润款最大程度的转化。

二、增加用户停留的四大技巧

1. 直播间专属红利

在直播间使用专属优惠券可增加用户停留时长,主要包括打折、店铺优惠券、赠品等。可以在直播过程中不断重复这些福利,也可以搭配。比如,点赞数每满 1 万、2 万等整数时,主播在直播间发优惠券。点赞只是用户随手小事,却对直播间的排名和权重很重要。领取了优惠券的用户会有更高的购买率。

2. 粉丝等级福利

要为不同等级的粉丝设置阶梯福利。比如,一级粉丝可以获得 5 元优惠券,二级粉丝可以获得 10 元优惠券。关注、观看、评论、购买都会帮助升级。主播引导用户完成这些任务,让用户停留在直播间,尽可能与他们互动,增加停留时长和直播间的权重。

3. 互动游戏

游戏一定不能枯燥乏味,要简单易懂,好玩有趣,且与直播间的商品有关联。例如"找错字",主播让粉丝点进购物车,其中有两款商品的标题里有错别字。找到并在评论里打出来的前 10 名用户,可以任选直播间里的一件商品。游戏会调动用户兴趣,鼓励用户进入商品详情页,增加浏览次数。直播间的排名和权重也会随之提升,也会有更多的流量涌进来。

4. 重视用户的评论和问题

如果直播间人数不多,每当有人进入直播间,都可以说出其昵称,让用户有被重视的感觉;当直播间的用户较多时,也要注重每一个评论的粉丝,解答问题,不要打击用户评论的积极性。

比如，主播试穿1号服装，评论里有人说想看主播穿2号。最好提及其名字，并让其等待，不要让粉丝有被忽视的感觉。

无论是吸引流量，还是增加用户的停留时长，最终目的都是为了提高成交率。

三、直播间销售变现"五步法"

流量是变现的前提，如何实现流量到变现，也是一门学问。

步骤1：提出痛点，引出需求。痛点是最吸引用户注意力的部分，因此直播间销售的第一步是提炼用户的痛点。可以使用反向思维，从直播间的商品出发，划分目标人群，提炼他们的特点和痛点。

比如，推一款祛痘膏，一开始就夸祛痘膏多么多么好，用户刚点就会立刻退出了。可以先从用户的痛点入手，比如，谈脸上长痘痘对身体的危害，对外貌、形象的影响。精准用户就会觉得戳中了内心最想解决的问题，需求就会很明显。

步骤2：放大痛点，引发关注。当引出用户的需求后，继续分析痛点，放大痛点。例如谈一谈如果不解决目前的问题，长久会对皮肤和身体造成什么危害，引起用户重视。当然，放大痛点并不是胡编乱造，要在事实的基础上引发关注。

步骤3：利他思维，提炼卖点。当用户开始注重提出的问题时，就可以开始最重要的一步：提炼卖点，针对上面的痛点提出解决方案。但要注意，除了介绍商品的卖点，还要让用户觉得是为了他好，用户用了这款产品后会有效果和改变，即心理学的利他思维。戳中痛点，解决问题，对用户有利，推出商品，用户开始有购买的冲动。

步骤4：增加高度，提升价值。经过了上面的3步，用户的购买欲非常强了，但是对于商品和主播，仍处于一种俯视的姿态。应进一步赋予商品更多的价值，除了戳中用户痛点外，还要提炼其他卖点，升华价值，如包装、品牌等附加优点。

步骤5：降低门槛，临门一脚。性价比优势是直播商品的核心。最后宣布这款商品在直播间里的优惠力度、原价现价对比、能省多少钱。算一笔账，排除用户对价格的顾虑。还可以根据实际情况限量限时抢购，营造紧张感，临门一脚，促成交易。

▍任务评价▍

根据所学知识回答下列问题（共10分）：

1. 直播间获取引流有哪3种方式？（3分）
2. 如何提高用户的留存，从哪4个方面解析？（3分）
3. 如何在直播间进行高转化的销售，详细说一下变现"五步法"。（4分）

▍能力拓展▍

要求卖的商品是一款剃须刀，但是进来看直播的几乎都是女性。请给这些女性用户写一段销售话术。

任务3　直播电商后期运营

学习目标

1. 掌握预告下期直播的技巧。
2. 学会制作直播切片。
3. 了解直播复盘，学会数据分析。
4. 掌握粉丝运营的3个技巧。

学习任务

通过直播前期和执行期之间的实践，了解直播工作内容，学习直播的后期运营。后期运营分为4个部分：第一部分是直播内容的二次营销；第二部分发现问题；第三部分从客观数据看问题；第四部分用3招做好粉丝运营。

任务分析

后期运营是为下一次直播打基础。在直播即将收尾的时候，预告下一次直播内容，可以吸引忠实粉丝和刚进来的用户；直播结束之后要进行直播切片，将直播过程中的精彩片段剪辑出来，作为短视频发布，可以吸引粉丝，增加流量和热度；接下来复盘直播，根据数据，分析本次直播中的不足和问题，方便下一次直播时做改正；同时要进行粉丝运营，将之前吸引的粉丝和直播中吸引的粉丝聚拢到一起，进行互动和交流，做好粉丝留存。

任务准备

一台高清前置摄像头手机，能剪辑短视频的电脑或者手机，主体抖音账号，有挂购物车的商品样品。

任务实施

直播结束，并不是工作的结束，直播后的工作更重要。

一、一举多得：直播内容的二次营销

1. 预告下期直播内容

直播间所有商品都介绍完之后，直播接近尾声。此时应预告下期直播内容，这一步非常重要。

直播即将结束的时候，留存的粉丝一般分为两类：一类是忠实粉丝，另一类是刚点进来的路人粉。做好下期预告至少会吸引这两类的粉丝。

预告下期直播的重点是时间、内容和福利。预告下次直播的时间，鼓励粉丝准时出现在直播间；提前告知下期直播的内容，有利于吸引精准用户和新用户；福利一般是指直播间所

有用户都有可能抢到的福利。比如开播前 5 分钟,评论关键字抽奖送礼品,将本场直播的粉丝引流到下一场直播,也顺利解决了下一场直播的冷启动问题。

2. 制作直播切片

主播出镜环节结束,但是工作还远远没有结束,直播内容的影响还在。因此,关播后要整理直播的内容,称为直播切片,即把直播中的精彩片段单独剪辑出来。

(1) 内容二次利用。除了直播产生的实时影响,还可以利用直播的内容生成复用内容,供直播平台反复使用。

(2) 单独在抖音发视频,挂小黄车,为商品增加个性且真实的解析,有利于提高下单率。

(3) 可以根据商品的特点来剪辑,让商品介绍更加结构化。

(4) 一方面,留存和沉淀本场直播的内容;另一方面,相对于直播来说,多渠道分发产生的影响更持久,可以持续性地为直播间引流。

二、发现问题:从直播复盘开始

(一) 复盘的意义

首先要明确,复盘不等于总结。总结是针对一场直播得出的结论,但是复盘是回过头看整场直播。做好复盘至少可以得到 3 个方面的收获。

(1) 将工作流程化　直播时用到一些技巧或者套路,可以起到事半功倍的效果。而这些方法不是唯一的,也不是固定的,每个直播间都可以根据自己的特点不断摸索最适合自己的方式。复盘则起到了将直播间工作流程化的作用。

(2) 改正错误,不断精进　改正和优化出错的部分,杜绝下一次再犯同样的错误,每次直播都会比上一次进步。

(3) 将从直播中获得的经验转换为能力　直播中遇到了突发情况并顺利解决,就有了应对突发情况的经验。但是经验不等于能力,要把这种经验转化为个人能力,转化为解决突发情况的能力。

(二) 复盘的步骤

步骤 1:回顾直播的整个过程。再回看一遍直播,点进直播间,以粉丝的角度看这场直播,进一步理解用户的感受并发现其中的问题。

步骤 2:总结本场直播的优点。要善于发现并总结直播中的优点,加深记忆,在之后的直播中继续保持。

步骤 3:列出本场直播的问题。复盘中最重要的一环就是挑错,找出本场直播中存在的问题,并列出解决方案。一定要划重点,切忌再犯。

步骤 4:找出用户活跃度最高的时间段。找出哪些时间段用户的评论和点赞最积极,反复观看这段时间主播的表现,总结其中能够触达用户的重点,可以在以后的直播中多次使用类似的玩法。

步骤 5:为本场直播打分数。每场直播结束复盘,都要为直播的表现打分数。打分的目的是加深团队对整场直播的认知。因为一场直播下来,有得有失,打分可以明确地知道优点和缺点。而且,记录每次直播的分数,可以作为下一次直播的参考,有比较才有进步。

三、数据分析：从客观数据看问题

做数据分析的意义，一是盘活存量，扩大增量；二是发现问题，解决问题。

盘活存量指的是将已有粉丝的积极性调动起来；扩大增量则是指要尽可能多地吸引新粉丝。在每场直播结束后，后台可以直接监测到有些数据，有些数据则需要通过进一步计算才能得出。

（1）总 PV（page view） 即总的页面浏览量或点击量，用户每访问直播间一次均被记录一次 PV。用户对同一页面多次访问，访问量会累计。这个数据一般可以直接在后台获取。

（2）总 UV（unique visitor） 即访问直播间的总人数。在一天内，进入直播间的用户只记录一次。

1. 粉丝 UV 比例

即粉丝浏览人数与总 UV 之比，代表整场直播粉丝的观看率。粉丝 UV 的比例较高，说明本场直播的主题和已有粉丝是匹配的，而且私域运营和前期预热做得很好。如果粉丝 UV 比例低于 50%，则代表路人观看较多，完全没有吸引已有粉丝的注意。那么，最大的问题就是考虑如何盘活存量，也就是做好已有粉丝的运营与维护。

2. 粉丝互动率

即粉丝互动人数与粉丝 UV 之比，表明在观看直播的粉丝中，有多少产生了互动，可以是点赞、评论、转发等任意互动行为。这个数值低，说明直播没有调动粉丝的积极性，需要考虑创新的玩法和互动。

3. 转粉率

即新增粉丝数与观看人数减去粉丝回访数之比。陌生用户从进入直播间到最后购买的路径是：进入直播间→观看→感兴趣→关注→购买。所以，直播的转粉率是衡量直播的指标。提高转粉率主要通过激励或者是互动，提醒用户关注直播间。3 个月内的新人主播，转粉率为 1%～5% 是比较健康的数据，偏低说明直播不够好，太高容易被官方判定为刷粉，对直播间信用有影响。非新人主播的转粉率一般维持在 4%～6%。

4. 成交率

即成交人数与总 UV 之比。成交率在一定程度上决定了直播的收益，也代表了直播带货能力。如果老粉在直播间活跃度较高，但是购买不积极，则应从商品结构方面解决，一定是商品定位和粉丝不匹配造成的。

新用户互动较多，成交率不理想，则是用户的信任感不强，或是商品单价太高，可以考虑增加商品保障类的话术。数据是最能客观体现问题的指标，不掺杂任何主观因素，因此复盘时需要根据实际数据发现问题、解决问题。

四、3 招做好粉丝运营

流量是变现的前提，用户是影响直播间变现非常重要的因素。因此在直播结束后，要注意粉丝的运营与维护。对于传统电商来说，粉丝运营的核心是商品，用户是否会继续关注，是否会复购，首先要看商品的满意度。对于新型电商来说，直播结束后和粉丝互动，商品没有介入粉丝与播主关系，不再是货带人的逻辑，而是以人为主。人充当着更为重要的角色，可以直接和用户一对一或者一对多互动,这个过程是留住粉丝、加深粉丝信任的过程。就粉丝运营的核心来说,传统电商是以货为本,新型电商则是以人为本。

1. 打造人格化 IP

粉丝运营较为流行的方法是引流到私域,大多是通过加微信或粉丝群的方式。主播或商家就在私域里运营,为粉丝树立正面形象,打造差异化人格,并不断强化人格属性,可以展示自己的真实生活、自我包装来实现。人格化 IP 往往更容易让粉丝有亲近感和崇拜感,便于加深粉丝信任和依赖。

2. 做优质内容

主要是指给用户持续地提供有价值的内容。当用户走出直播间,进入主播的社群或是朋友圈后,并不希望有人在私人空间里刷屏卖东西,要换一种思路,用优质内容代替刷屏推销。比如,主营商品是一款婴幼儿奶粉,定向用户多是新手爸妈,可以每天定时在朋友圈或社群更新奶粉相关的知识。久而久之用户会形成观看习惯,还会在一定程度上增加信任感。

将用户分类,根据购买习惯和特征打标签。给不同标签的人群分发适合他们的内容,学会分层运营。

3. 做高效互动

无论在直播中还是在直播后,互动都非常重要。在直播间的互动,是为了增加停留时长,提高下单率;直播结束后的互动,则决定了用户会不会成为忠实粉丝。把用户引到私域流量池之后,要像朋友一样互动。

(1) 发起有意思的话题　情感和热点内容容易引起讨论。情感可以是关于亲情、友情、爱情,热点可以是明星、节日、事件等。让人产生共鸣的话题,更易引起讨论,增加用户对播主的人格印象。

(2) 抽奖　这种方法虽然简单、直接,但往往最能留住粉丝。抽奖会让粉丝一直有一种期待感和参与感,不会轻易取关。

(3) 举办周期性活动　可以针对已有粉丝定期举办活动,包括线上和线下,提高用户的参与感。定期举办活动,会形成自己的特色,有利于品牌推广。

(4) 维护老粉　在吸引新粉的同时不要忘记维护老粉,两者兼得,才能不断扩大粉丝量级。

任务评价

根据所学知识回答下列问题(共 10 分):
1. 直播切片有哪 4 个作用?(3 分)
2. PV 和 UV 分别代表什么?(3 分)
3. 粉丝运营的核心是什么?(4 分)

能力拓展

有一个 500 人的粉丝群,你能想到哪些新奇的方法来调动粉丝群的活跃度?若要求单独给该群做一场私域流量直播,应该注意哪些问题?

附录 短视频直播运营实战技能课程标准

一、课程名称
短视频直播运营实战技能

二、适用专业及面向岗位
本课程是新媒体营销专业的专业核心课程。该课程是依照高等职业教育培养目标与新媒体行业企业实际需求设置的专业必修课,主要面向电子商务类、新闻传播类、传播与策划类、市场营销类集相关专业学生、新媒体从业者、电子商务从业者,以及社会学员,实现技能提升和知识更新,同时面向短视频运营专员、短视频运营主管、新媒体总监等岗位。

三、课程性质
本课程为专业技术技能课程,是一门培养短视频运营技术,与拍摄剪辑以及直播能力为主的实践课程。主要任务是:培养学生在短视频运营和拍摄剪辑工作岗位中,熟练掌握短视频运营技巧、策划、脚本撰写、拍摄、剪辑等职业技能;能够策划和运营账号,拍摄和剪辑出较高水平的短视频作品,在各大短视频平台上展示和传播;具有较强的产品视频策划和执行能力,能制作相应的短视频广告;培养学生掌握运营、剪辑、拍摄、推广等职业技能。

四、课程设计

(一) 设计思路
校企共同开发,依据岗位真实工作任务的短视频直播运营职业能力要求,确定课程目标;基于岗位工作过程典型工作任务的技术操作规范,设计学习任务;突出学生短视频运营能力培养。使学生具备短视频运营、策划以及制作能力,并能推广及制作相应的短视频,运营短视频账号;通过实践项目的设计,培养学生策划、拍摄、剪辑短视频的能力,熟悉短视频直播运营技巧。

(二) 内容组织
本课程应根据短视频运营和拍摄剪辑的内容,结合学生特点,灵活运用项目教学法、任务驱动法、讲授法、引导教学法、实训作业法等教学方法,引导学生积极思考、乐于实践,提高教学效果。教学组织形式应多样化,尽量利用教育信息化手段,课程分为短视频运营认知、短视频账号基础操作、内容设计、运营技巧、拍摄剪辑、高效涨粉、带货技巧、直播流程等8个单元。通过启发引导的授课方式,培养学生的创意思维,掌握实训操作的原理,促进学生掌握知识点、把握作品并完成工作任务。

五、课程教学目标

(一) 认知目标

1. 了解短视频运营的概念。
2. 了解短视频平台的分类。
3. 了解数据分析的意义。
4. 了解短视频制作团队的组建方法。
5. 初步认识拍摄和剪辑。
6. 了解抖音的 4 种推荐引流方式。
7. 了解流量的 3 个来源和投放广告的禁忌。
8. 了解短视频电商后台。
9. 了解直播人员构成。

(二) 能力目标

1. 掌握内容定位的步骤和方法。
2. 掌握短视频封面设置、脚本撰写、起标题的技巧。
3. 掌握短视频运营的技巧和方法。
4. 熟悉手机拍摄的技巧。
5. 可以完整剪辑短视频并进行特效包装。
6. 掌握免费和付费引流的技巧。
7. 学会制作带货短视频。
8. 掌握直播销售五步变现法。
9. 学会制作直播切片。

六、参考学时与学分

32 个课时,3 学分。

七、课程结构

序号	学习任务 (单元、模块)	对接典型 工作任务	知识、技能要求	教学活动设计	学时
1	概念认知	基础知识	1. 了解短视频运营的概念 2. 知晓短视频运营的 4 个方面	1. 课堂讲授:短视频运营认知和几大平台的对比 2. 任务考核:能根据自己的情况,选择相应的短视频平台,并能拟定短视频运营计划	4
		平台对比	1. 了解短视频平台的 3 种分类 2. 了解主流短视频平台的背景和主要功能 3. 知晓主流短视频平台的盈利模式		

附录 短视频直播运营实战技能课程标准

(续表)

序号	学习任务 (单元、模块)	对接典型 工作任务	知识、技能要求	教学活动设计	学时
2	基础操作	开通账号	1. 了解抖音平台的规则和玩法 2. 学习短视频运营团队分工,了解抖音运营的各个环节	1. 实操教学:以抖音为例,教会学生注册开通账号,知晓各种规则,了解短视频制作团队各岗位的职责 2. 任务考核:能独立完成账号的注册,掌握搭建短视频制作团队的方法	4
		组建团队	1. 了解短视频制作团队的组建方法 2. 能避开短视频运营创作中的风险		
3	内容设计	内容定位	1. 掌握内容定位的步骤和方法 2. 掌握竞品分析的方法,能够做竞品分析	任务考核:账号定位,能自行装修合格的短视频账号	4
		装修账号	1. 掌握短视频封面设置技巧 2. 掌握视频脚本写作技巧 3. 掌握起标题技巧		
4	账号运营	提升权重	1. 掌握抖音运营的技巧和方法 2. 了解抖音的算法机制,学会提高账号权重的方法	1. 实操教学:以抖音平台为教学案例,通过现场实际操作,教会学生掌握提高账号权重方式,并用案例现场进行数据分析 2. 任务考核:结合本课学习的知识,学会用数据后台分析账号,能指出账号的不足,提出提升账号权重的方案	4
		数据分析	1. 了解数据分析的意义 2. 掌握关键指标 3. 能够自学,具备收集资料、分析资料和总结的能力 4. 能够运用数据软件分析,并改善运营模式		

（续表）

序号	学习任务 （单元、模块）	对接典型 工作任务	知识、技能要求	教学活动设计	学时
5	拍摄剪辑	基础知识	1. 学习短视频拍摄和剪辑基础知识，初步认识拍摄和剪辑 2. 了解短视频制作团队的人员构成、拍摄脚本的框架结构 3. 了解拍摄中的景别和运镜模式，为下一步学习拍摄打下基础	1. 实操教学：现场教学生拍摄和剪辑技巧，从实践中获得知识 2. 任务考核：本课程结束之后，要掌握拍摄技巧，能利用一台手机拍出合格的短视频。然后，用剪映软件独立剪辑，并加上字幕、配音、特效包装等	4
		学会拍摄	1. 根据对短视频拍摄知识的学习，能够自行拍摄短视频 2. 了解拍摄构图的基本知识，学会给视频构图 3. 了解镜头语言，在拍摄时用不同的镜头去展示想法 4. 熟悉手机拍摄的技巧，能拍出带有美感的短视频		
		学会剪辑	1. 学习短视频剪辑基础知识，初步认识剪辑 2. 熟悉剪辑中的注意事项，避免落入新手剪辑误区 3. 学习使用剪映软件，可以完整剪辑短视频并进行特效包装		

附录 短视频直播运营实战技能课程标准

(续表)

序号	学习任务（单元、模块）	对接典型工作任务	知识、技能要求	教学活动设计	学时
6	高效涨粉	免费引流	1. 了解抖音的4种基础引流方式，能够自行进行抖音账号的定位和包装 2. 了解借助热点事件引流的方法，掌握热点视频的五大核心要素 3. 了解打造个人IP的方式和方法	1. 实操教学：让学生开设自己的账号，自己拍摄剪辑视频并发布，进行引流实操 2. 任务考核：掌握引流技巧，发布的作品需要突破500的基础播放量，能达到下一层的流量池，甚至更高	4
		付费引流	1. 了解抖音系统中Dou＋投放的3种方式，掌握根据自身情况选择投放方式 2. 了解抖音流量的3个来源，可以因地制宜投放 3. 熟悉抖音Dou＋投放的三大价值 4. 熟记Dou＋投放禁忌		
7	带货技巧	电商平台入驻	1. 了解抖音电商后台，知晓如何在抖音开店 2. 知晓抖音开通商品橱窗的流程以及如何添加商品链接 3. 知晓抖音爆款的定级标准，掌握四维选品法 4. 学会利用飞瓜数据等数据分析平台寻找爆品	1. 实操教学：学习短视频电商平台入驻知识，能自行增加电商平台的商品，并掌握一定的选品技巧；根据以往学过的知识制作带货短视频 2. 任务考核：独立完成从电商平台选品并加入到短视频商品橱窗的工作，能制作相应的带货短视频进行发布引流	4
		带货视频制作	1. 了解什么样的短视频带货能力最强 2. 清楚抖音电商的三大禁区 3. 了解带货短视频的6种模式及优势 4. 学会批量制作带货短视频		

(续表)

序号	学习任务 （单元、模块）	对接典型 工作任务	知识、技能要求	教学活动设计	学时
8	直播流程	直播前期准备	1. 了解直播设备，能自行搭建合格的直播间 2. 知道直播团队的人员构成，清楚直播前应该做哪些准备 3. 了解直播预告的重要性，可以制作直播预告片 4. 进行直播的彩排和演练，熟悉直播流程	1. 实操教学：在教学过程中，实际搭建一个直播间，让学生充分了解直播间的构成，并知晓直播团队的人员组成。组织学生分配岗位，4个学生为一组，熟悉直播流程，并虚拟直播演练。在直播结束后进行直播复盘，并制作直播切片 2. 任务考核：4人一组，搭建一个简易合格的直播间，选取一个平台进行直播实操，并做好直播预热和后期的直播复盘工作	4
		直播内容执行	1. 了解直播流量来源，掌握引流的3个方法 2. 掌握增加用户停留的四大技巧 3. 直播间销售变现"五步法"，掌握让用户下单的技巧		
		直播后期运营	1. 直播即将结束时，掌握预告下期直播的技巧 2. 学会制作直播切片 3. 了解什么叫直播复盘，学会数据分析 4. 掌握粉丝运营的3个技巧		

八、资源开发与利用

（一）教材编写与使用

（1）教材编写既要满足行业标准，又要兼顾国家互联网营销师职业资格考证要求。理论知识以职业资格标准及实际应用为重点，操作内容应符合行业新媒体运营项目标准化、规范化操作要求。

（2）教材内容应体现先进性、通用性、实用性，将本专业技术创新纳入教材，使教材更贴近专业的发展和实际的需要。

（3）教材体例突破传统教材的学科体系框架，以任务训练、案例导入、思维导图、视频等丰富的形式表现，理论知识以二维码形式呈现，方便学生课外学习。

（二）数字化资源开发与利用

校企共同开发和利用网络教学平台及网络课程资源，以及课堂教学课件、操作培训视频、考核标准、任务训练、微课等资源。利用现代学徒制在线学习平台,由学校和企业发布可在线学习课程资料,学生采取线上线下学习相结合的方式,更灵活地完成课程的学习任务。导师发布非课程任务的辅导材料(形式包括但不限于视频、PDF、Word文档等),用于学生碎片化学习阅读,拓展相关知识点。利用现代学徒制在线交流互动平台,学生和导师之间进行在线交流。

(三) 企业岗位培养资源的开发与利用

根据新媒体行业发展要求,将新媒体运营技巧整理为课堂教学、案例教学的资源,作为岗位培养的教学资源和岗位培养的教学条件;利用移动互联、云计算、物联网等技术手段,建立信息化平台,实现线上线下教育相结合,改善教学条件,教学内容与行业发展要求相适应。

九、教学建议

校企合作完成课程教学任务。采用集中授课、任务训练、岗位培养等教学形式,学校导师集中讲授项目理论知识,让学生知道操作原理。企业导师以任务训练、在岗培养等形式,进行项目操作技术技能训练及岗位实践,让学生学会操作并符合上岗要求。教学过程突出"做中学、学中做",校内课堂教学与课外训练相结合,主要提高学生的实操能力。岗位实践以工学交替形式,进行专业技术综合能力培养。

十、课程实施条件

具备专业水平及职业培训能力的双导师、校企实训资源是本课程实施的基本条件。学校提供专业理论及基本技能教学的师资及实训条件,企业提供现场教学、岗位能力培养的师资及实训条件。承担课程教学任务的教师应熟悉岗位工作流程,了解短视频行业商业活动,能独立完成所有项目流程及操作技能示范。校内专业实训室建设应有仿真教训、任务训练、职业技能证书考证的相关设备条件,实现教学与实训合一、教学与培训合一、教学与考证合一,满足学生综合职业能力培养的要求。企业有进行本课程全部项目训练的设施设备、场地及足够的学徒岗位,能满足学徒岗位培养条件。

十一、教学评价

采用过程评价与结果考核评价相结合等多元评价的方式,将课堂提问、任务训练、课外实践、项目考核、任务考核的成绩计入过程考核评价。其中,项目操作考核有单项技能考核、综合技能考核。操作技能考核除了考核操作流程外,还应考核与各部门的沟通协调能力、统筹运营能力。结果考核以店铺评分、订单量考核为重点。

教学评价应注意学生专业技术操作能力、技术培训指导能力、解决问题能力的考核,强调操作规范的同时应引导灵活运用运营技巧,对在技巧应用上有创新的学生应给予特别鼓励,全面、综合评价学生能力。

短视频直播运营实战技能内容结构图

内容规划

基础知识
1. 了解短视频运营的概念
2. 了解短视频运营的作用
3. 知晓短视频运营的4个方面

内容设计
1. 了解短视频平台的主要功能
2. 知晓7个主流短视频平台背景和主要功能
3. 了解抖音平台的规则和玩法

短视频拍摄与剪辑

短视频拍摄与剪辑
1. 学会安装和注册短视频平台账号
2. 学会避开短视频运营创作中的修装修风险，能够装修出一个走红体质的账号

账号的运营
1. 了解拍摄构图基本知识，学会短视频构图
2. 熟悉手机拍摄技巧
3. 学习使用剪映软件，可以完整剪辑短视频

账号的运营

1. 了解数据分析的意义
2. 掌握关键指标
3. 能够自学、收集资料、掌握分析的能力
4. 能够运用数据分析软件分析并改善运营模式

高效涨粉

1. 了解抖音算法机制，学会提高账号权重的方法
2. 掌握抖音运营的技巧和方法
3. 了解打造个人IP的方式和方法
4. 掌握热点视频的五大核心要素
5. 了解抖音4种基础引流方式

带货技巧 短视频带货

1. 了解抖音系统中Dou+投放的3种模式
2. 了解抖音+投放的3个来源
3. 熟悉抖音Dou+投放的三大价值

直播流程

1. 掌握做内容定位的步骤和方法
2. 掌握做竞品分析的方法，能够做竞品分析
3. 学会使用飞瓜数据
4. 知晓抖音电商的三大禁区
5. 知晓抖音如何添加商品链接

短视频直播运营实战技能

1. 了解抖音电商后台，知晓如何在抖音开店
2. 知晓四维选品数据标准，掌握抖音爆款的定级标准
3. 了解带货短视频的6种模式

1. 了解直播需要哪些设备，能自行搭建一个直播间
2. 了解直播流量来源，掌握引流量的3个方法
3. 学会什么是直播复盘，学会数据分析

短视频直播运营实战技能内容结构图

图书在版编目(CIP)数据

短视频直播运营实战技能/宗良,孙新春,马修伦主编. —上海:复旦大学出版社,2020.9
(2022.8 重印)
电子商务专业校企双元育人教材系列
ISBN 978-7-309-15190-9

Ⅰ.①短… Ⅱ.①宗…②孙…③马… Ⅲ.①网络营销-教材 Ⅳ.①F713.365.2

中国版本图书馆 CIP 数据核字(2020)第 182954 号

短视频直播运营实战技能
宗 良 孙新春 马修伦 主编
责任编辑/张志军

复旦大学出版社有限公司出版发行
上海市国权路 579 号 邮编:200433
网址:fupnet@fudanpress.com http://www.fudanpress.com
门市零售:86-21-65102580   团体订购:86-21-65104505
出版部电话:86-21-65642845
上海四维数字图文有限公司

开本 787×1092 1/16 印张 7.5 字数 173 千
2020 年 9 月第 1 版
2022 年 8 月第 1 版第 2 次印刷

ISBN 978-7-309-15190-9/F·2719
定价:40.00 元

如有印装质量问题,请向复旦大学出版社有限公司出版部调换。
版权所有 侵权必究

活页教材专用笔记纸